Thomas Kaiser

mit Beiträgen von Martina Bauer und Markus Schmid

Das WUT weg Buch

Spiele, Traumreisen, Entspannung gegen Wut und Aggression bei Kindern

CHRISTOPHORUS

Inhalt

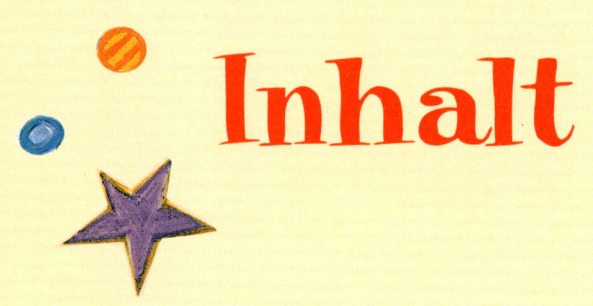

3

Zur Einführung

auf die Ablehnung anderer stößt. Für die Betroffenen, weil sich die Wut gegen sie richtet. Für uns, weil wir im Alltag mit Kindern „richtig" agieren und reagieren müssen.

Wut gehört zum Kinderleben

Wut ist ein Gefühl, wie Freude, Angst und Schmerz. Sie gehört ganz selbstverständlich zur emotionalen Grundausstattung des Menschen. Wut ist somit nicht nur normal. Sie kann auch nützlich sein, da sie uns das Unbehagen in einer Situation signalisiert.

Dennoch hat es niemand leicht mit der Wut. Manch einer möchte platzen oder einfach alles kaputtschlagen. Die Körpertemperatur steigt, und der Puls rast. Kein Wunder also, daß gerade Kinder, die noch am Anfang ihrer Entwicklung stehen, mit diesem Gefühl kaum zurechtkommen. Sie lernen ja erst, ihre Gefühle einzuschätzen und ihr Verhalten danach zu steuern. Den für sie richtigen Weg müssen sie erst finden. Bis dahin ist die Wut ein Problem. Für das Kind, weil es mit seinen Gefühlen nicht zurechtkommt und mit seinem Zorn oft

Das geht zu weit –
Wo beginnt die Aggression?

Daß Kinder ihren Unmut offen zeigen und wütend sein dürfen, wird heute kaum mehr jemand bestreiten. Denn unterdrücken wir die zornigen Impulse durch Ablehnung, Bestrafung oder Zurechtweisung, reagieren Kinder mit Rückzug oder neuer Aggression. Dennoch brauchen die meisten Kinder eine klare Anleitung, wie sie mit ihrer Wut richtig umgehen können. Sie sollen lernen, angemessen zu reagieren, wenn sie einmal ihren Kopf nicht durchsetzen können. Oder sie brauchen unsere Ermutigung, ihren Ärger überhaupt zuzulassen und zu zeigen. Wir sind allerdings vor allem dann gefordert, wenn sich Kinder mit Spielzeug bewerfen, sich ständig zanken oder aufeinander losgehen. Noch deutlicher wird dies bei Kindern, die sich zu regelrechten Schlägern entwickeln und andere gezielt

provozieren. Solch aggressive Kinder, die scheinbar grundlos explodieren, leben innere Spannungen und Gereiztheiten auf Kosten anderer aus. Versagensängste, die Trennung der Eltern, mangelnde Zuwendung und Liebe, all dies können Ursachen für gewalttätige Auseinandersetzungen sein. Diesen Kindern müssen wir die Möglichkeit geben, ihre inneren Konflikte friedlich auszuleben und auszusprechen. Wir sollten sie darin unterstützen, ihre wütenden Abwehrreaktionen zu beherrschen, angenehme Kontakte zu anderen Kindern aufzunehmen und Konflikte konstruktiv zu lösen.

Konflikte spielerisch lösen

Kinder, die Wut und Aggression unbeherrscht äußern, sind oft unsicher gegenüber anderen und fühlen sich in der Gruppe nicht wohl. Wenn sie lernen sollen, Wut und Zorn besser zu bewältigen, brauchen sie Strategien, die ihnen helfen, mit anderen auszukommen und zusammenleben zu können. Wir sollten mit ihnen gemeinsam Wege finden, Bedürfnisse und Wünsche zu äußern und ihre Meinungen durchzusetzen, ohne daß jemand darunter leiden muß. Kurz gesagt: Kinder müssen sinnvoll und friedlich streiten lernen.
Die beste Möglichkeit, mit Kindern neue Verhaltensweisen zu üben, ist das Spiel. Im Spiel ist vieles erlaubt, was im wahren Leben verboten oder verpönt ist. Im Spiel können Kinder sich und die Folgen ihres Handelns risikolos ausprobieren. Sie dürfen dabei auch über die Stränge schlagen und aus der Rolle fallen, ohne unangenehme Konsequenzen fürchten zu müssen. Das spielerische Verhaltenstraining bietet zudem eine Menge neuer Erfahrungen. Im Interaktionsspiel werden Kinder sicherer im Umgang mit anderen. Die gemeinsamen Erlebnisse bieten eine gute Möglichkeit, miteinander ins Gespräch zu kommen. Die Verständigung in der Gruppe wird verbessert, und die Beziehungen untereinander werden verstärkt. Im Spiel können Spannungen abgebaut werden, da Gefühle ausgelebt

und ausgesprochen werden dürfen. Und schließlich bereitet das Training im Spiel das Kind auf zukünftige Situationen vor.

- In diesem Buch bieten wir Ihnen deshalb vor allem Anregungen und Spiele, die Hilfen in akuten Wutsituationen sind. Darüber hinaus sind die Anregungen auch dazu geeignet, Lernprozesse für künftiges Handeln anzuregen, damit die Kinder Probleme und Konflikte selbst angemessen bewältigen können.
- Zudem finden Sie hier zahlreiche Tips und Ratschläge, wie Sie auch in schwierigen Situationen die richtigen Worte finden und angemessen reagieren.
- Das Buch hilft Ihnen, Strategien zu entwickeln, wie Sie spannungsgeladene Momente entschärfen, ohne zu drastischen Strafmaßnahmen greifen zu müssen.

Allein gegen alle

Hilfe, wenn ein Kind wütend ist

Jeder von uns steht morgens mal mit dem linken Bein auf. Dann kann schon ein kleiner Anlaß das Faß zum Überlaufen bringen. Wir sind wütend, fühlen uns gekränkt, vielleicht möchten wir es dem anderen in einem solchen Moment auch mal zeigen. Schön, wenn wir dann einen Freund haben, der uns wieder auf den Boden zurückholt und hilft, die Wut verrauchen zu lassen, bevor Schlimmeres passiert. Einem Kind geht es da kaum anders als uns. Seien Sie der Freund, und helfen Sie dem Kind, mit seiner Wut umzugehen.

Das Gespräch suchen

Als erste Voraussetzung für eine sinnvolle Hilfe gilt immer: Versuchen Sie, das Kind und die Situation zu verstehen. Besonders dann, wenn die Aggression von einem einzelnen Kind ausgeht, sollten Sie in wutgeladenen Momenten das klärende Gespräch suchen.

Das gelingt nicht immer. Manchmal ist das Kind viel zu wütend, um sich einem Gespräch zu stellen. Dann heißt es

6

erst einmal: Dampf ablassen. Später, vielleicht auch erst am nächsten Tag, sollten Sie aber doch den Versuch unternehmen, mit dem Kind zu reden. Geben Sie ihm dann immer die Gelegenheit, sich und seine Gefühle zu erklären. Versuchen Sie dabei, vom Kind aus zu denken. Leider ist vielen Erwachsenen diese Fähigkeit längst abhanden gekommen. Doch die Welt des Kindes sieht anders aus als unsere. Viele Erfahrungen sind neu, wirken unmittelbar auf die Gefühle ein, und die Handlungsalternativen, die sich gerade jüngeren Kindern bieten, sind noch beschränkt. Während Sie auf eine wütende Gruppe zunächst insgesamt einwirken müssen, haben Sie bei einem einzelnen Kind jedoch die Gelegenheit, unmittelbar und direkt zu helfen. Vermeiden Sie es so weit wie möglich, das Kind schon im ersten Moment zu maßregeln. Wie wir wollen auch Kinder respektiert werden. Das gilt besonders für aggressionsgeladene Situationen. Denn gerade hier sucht ein Kind ja unsere Aufmerksamkeit. Eine schnelle Strafpredigt mit angeschlossener Handlungsanweisung ist deshalb nicht das, was die Entwicklung zu einem verantwortungsvollen und

friedfertigen Menschen fördert. Suchen Sie gemeinsam nach Lösungen, und finden Sie Alternativen zu aggressiven Handlungen. Anregungen und Hilfen dazu finden Sie auf den folgenden Seiten.

Helfen aus der Situation heraus

Manch wütendes Kind reagiert jedoch verschlossen oder mit Ablehnung auf unsere Versuche, seinem Verhalten zu begegnen. Als Erzieher, Lehrer oder Eltern, die einen wesentlichen Teil des Tages mit dem Kind verbringen, finden wir dennoch Ansatzpunkte, um zu reagieren. Wir wissen zum Beispiel, ob ein Kind neu in der Gruppe ist oder andere einschneidende Veränderungen in seinem Leben stattgefunden haben. Wir kennen seine Umgebung und seine Bezugspersonen. Und wir kennen das Kind und haben vielfältige Erfahrungen im Alltag mit Kindern gesammelt. All dies kann dazu beitragen, daß wir auch zu einem sonst verschlossenen Kind einen Zugang finden können.

Gerade in wutgeladenen Momenten muß unsere Reaktion abgewogen sein. Aber auch wir sind nur Menschen und in Streßsituationen selbst gefühlsmäßig engagiert. Zu Ihrer Unterstützung finden Sie deshalb auf den folgenden Seiten zahlreiche Anregungen, die Ihnen zeigen, wie Sie in verschiedenen Wutsituationen und auf unterschiedliche Wuttypen reagieren können – wie sie einem Kind im ersten Moment, aber auch später helfen. Dazu gehören einfache Spiele zum Dampf ablassen ebenso wie Geschichten und Entspannungsübungen, die aus der aufgeheizten Atmosphäre in eine Phase der Entspannung und schließlich Konfliktverarbeitung überleiten. Mit Ihrer Erfahrung, Ihrem Wissen und den Spielen, Übungen und Geschichten, die Sie in diesem Kapitel finden, sind Sie so auch für schwierige Situationen gewappnet.

Erste Hilfe gegen die Wut

Unabhängig von bestimmten Situationen helfen einem wütenden Kind folgende Anregungen sofort.

- Mehrmals mit aller Kraft in ein Kissen schlagen
- Einmal ums Haus rennen
- Mit den Füßen trampeln
- Nach draußen gehen, und einmal laut schreien
- Eine Zeitschrift zerreißen
- Einen leichten Ball ganz fest gegen die Wand werfen
- In besonderen Fällen: eine Tafel Schokolade

Pack die 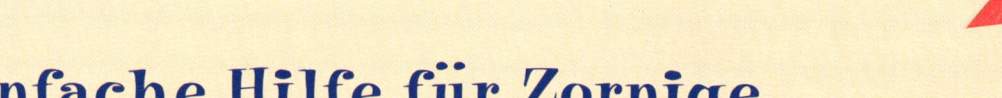 Wut in den Brülleimer

Einfache Hilfe für Zornige

Wer weiß schon, was er tun soll, wenn er richtig wütend ist? Mit der Wut im Bauch lassen sich keine sinnvolle Ursachenforschung und Konfliktlösung betreiben. Deshalb heißt es erst einmal: Dampf ablassen. Die folgenden Übungen können Sie unabhängig von der Situation immer dann einsetzen, wenn ein Kind wütend ist oder sich zwei Kinder streiten. Bevor Sie damit beginnen, sollten Sie unter anderem einen Eimer und ein Kissen parat haben.

Das Knautsch- und Knutschkissen

Das Knautsch- und Knutschkissen bietet viele Möglichkeiten, Dampf abzulassen. Das Kind kann es schlagen wie einen Boxsack, treten, kneifen, kratzen, was das Zeug hält, und knautschen wie Knetmasse, bis es ihm besser geht. Nach dem Knautschen kann das Kind das Kissen knutschen und streicheln, was dann auch sehr gut tut.

Fast wie echt: Sich prügeln wie im Film

Zwei Kinder, die mächtig wütend aufeinander sind, dürfen sich wie richtige Stuntfrauen und -männer auch mal kräftig gegen-

seitig verprügeln — wie im Film eben. Berühren dürfen sie sich dabei allerdings nicht, und beschimpfen schon gar nicht. Nach wenigen Minuten ist die erste Wut verraucht – weil auch Luftschläge Kraft kosten und die Bewegungen recht komisch aussehen.

Schimpfwörter erfinden

Wenn sich zwei streiten, fallen eine Menge Schimpfwörter. Eine freundliche und friedliche Wendung kann die Auseinandersetzung nehmen, wenn Sie die Kinder Schimpfwörter erfinden lassen. Bei Wörtern wie „Mürbeei", „Sauerwanst" und „Rübenkopf" kann der Streit zu einem ausgelassenen Spaß werden.
Eine weitere Variante ist, die Wörter in einer Phantasiesprache erfinden zu lassen: „Malefix Fixlibuzzli rannamach ..."

Zornfiguren aus Knet und Ton

Ton oder Knet sind ideale Materialien, an denen Kinder ihre Wut auslassen können und gleichzeitig noch in einen kreativen Verarbeitungsprozeß einsteigen. Geben Sie einem wütenden Kind also ein Stück Ton oder Knet, und lassen Sie es

damit machen, was es will. Vielleicht wirft es das Material einfach nur in die Ecke oder klopft darauf herum. Vielleicht entsteht daraus aber auch eine Zornfigur, die entweder die Gefühle des Kindes zum Ausdruck bringt oder als Objekt der Aggression die Wut umlenkt.

Wutball und Wutziegel

An einem bestimmten Platz sollte immer ein Wutball oder Wutziegel als „Notbremse" bereitliegen. Mit beiden können Kinder (und Erwachsene) Wut ablassen, falls sie gereizt sind. Ball oder Ziegel können gegen die Wand geknallt werden oder gegen einen anderen Gegenstand.

Als Wutball können Sie einen beliebigen Ball wählen. Am besten sind jedoch Jonglierbälle, da sie nach dem Aufprall nicht mehr wegspringen. Einen Wutziegel können Sie leicht aus einem Stück Schaumstoff herausschneiden. Er sollte von seiner Form her gut in die Hand passen.

Zeitungsballschlacht

Schneebälle gibt es leider nur im Winter und leider selten dann, wenn man sie wirklich braucht. Mit zerknüllten Zeitungen können die Kinder Abhilfe schaffen. Mit Zeitungsbällen können sich zwei Kinder, die aufeinander wütend sind, bewerfen, ohne sich weh zu tun. Ein Kind kann aber auch die Zeitungsbälle gegen einen Gegenstand werfen, oder Sie veranstalten ein

Bewegung

Oft stecken hinter einer bestimmten aggressiven Situation mehrere Ursachen. Kinder, die unter Bewegungsmangel leiden oder denen es einfach langweilig ist, sind aggressiver als andere. Geben Sie einem solchen Kind deshalb möglichst viele Gelegenheiten, sich zu bewegen oder Sport zu treiben. Draußen geht es zwar besser, aber auch im Haus kann ein Kind springen wie ein Känguruh, hüpfen wie ein Frosch oder klettern wie ein Affe.

Im Haus können Sie ein dickes Brett, Hammer und Nägel bereitstellen. Kleine Kinder können einen Stapel Zeitungspapier zum Zerreißen an einer bestimmten Stelle haben.

Zielwerfen. Bei einer Zeitungsballschlacht können die Kinder nicht nur richtig Dampf ablassen, sondern auch Spaß haben.

Der Brüll-Eimer

Der Brüll-Eimer ist ein x-beliebiger Eimer, in den das Kind einfach seinen Kopf steckt. Nun kann es so laut schreien, wie es will, alles bleibt in dem Eimer und geht keinen was an. Manche setzen sich dazu den Brülleimer auf den Kopf, andere beugen sich hinein. Egal. Der Brüll-Eimer ist eine sinnvolle Erfindung, die in keinem Haushalt fehlen sollte.

Time-out:

Ist ein Kind unkontrolliert aggressiv, geben Sie ihm die Chance, sich eine Minute an einen ruhigen Ort zurückzuziehen und eine Nachdenkminute einzulegen. Gegebenenfalls müssen Sie das Kind erst durch Festhalten zu sich bringen.

Böse Buben gegen brave Mädchen

Durch wilde Spiele zum guten Kumpel

„Jungen sind nun mal von Natur aus wilder als Mädchen." Diesen Satz haben Sie sicher schon öfter gehört. Aber stimmt er auch? Tatsache ist, daß Jungen eher aggressiv sein dürfen als Mädchen. „Wir haben uns früher auch geprügelt", sagt etwa der Vater entschuldigend, wenn sein Sohn mit Schrammen nach Hause kommt. Von Mädchen wird erwartet, daß sie brav, ordentlich und zurückhaltend sind.

Kinder übernehmen von klein auf diese gängigen Rollenklischees von den wilden Jungs und den braven Mädchen. Unbeherrschte Wutattacken sind daher eher ein Problem von Jungen. Mädchen verhalten sich nach außen meist nicht so kämpferisch. Sie wenden ihre Aggressionen mehr nach innen.

Der ungestüme Junge, der das schwache Mädchen ärgert, zählt deshalb zu den gängigsten Szenen in Kindergruppen.

Wilde Spiele in der Wutsituation

In solchen Situationen gibt es oft keine Möglichkeit zu einem gemeinsamen Gespräch. Damit die Kinder raus aus ihrem Streit finden, bieten sich gemeinsame Spiele als bessere Alternative an. Gerade in „Wilden Spielen" können Mädchen und Jungen ihren wilden Phantasien Ausdruck verleihen.

Wenn ein Junge gerade wieder einmal ein Mädchen ärgert, können Sie ihnen anbieten, doch gleich spielerisch miteinander zu kämpfen und so richtig „rumzutoben". Machen Sie einen Spaß aus dem Streit und lassen Sie die ganze Gruppe mitspielen. Denn das aggressive Kind sollte in den Augen der anderen nicht auch noch mit einem Spiel belohnt werden. Erfahrungsgemäß steigen Kinder gerne auf die „Wilden Spiele" ein. Wichtig ist, daß Wehtun nicht erlaubt ist und ein klarer Rahmen eingehalten wird. Achten Sie bei körperorientierten Spielen darauf, daß die Mannschaften gemischt sind und sich etwa gleich viel Jungen und Mädchen in jedem Team befinden:

🟠 Gehen Sie mit den Kindern in die Matratzenecke und bieten Sie etwa eine Kissenschlacht an. Nach dem Spiel ist die Wut bestimmt verraucht, und es konnte viel gelacht werden.

Auch ein Luftballontanz kann helfen. Fragen Sie die Kinder, ob sie nicht Lust hätten, bei lauter Musik Luftballons zu zertrampeln. Jedes Kind bindet sich einen Luftballon an ein Bein. Nun versucht jeder, die Luftballons der anderen zu zertreten, den eigenen aber gleichzeitig zu schützen. Auch nach diesem Spiel wird wohl nicht mehr gestritten.

Bei manchen Kindern verbirgt sich hinter einer Mauer aus Aggressionen auch ein starkes Kontakt- und Liebesbedürfnis. Wilde, körperorientierte Gemeinschaftsspiele können diesen Kontaktwünschen entgegenkommen und gleichzeitig die Gefahr unkontrollierter Aggressionen verringern.

Groß und klein, stark und schwach – Streitthemen verarbeiten

Nach jedem Streit, wenn der erste Dampf abgelassen ist, ist es für die ganze Gruppe wichtig, daß sie sich mit den Streitthemen auseinandersetzen kann. Geben Sie den Kindern dazu Gelegenheiten, indem Sie gleich nach dem ersten Verrauchen der Wut Spiele anbieten, in welchen es um die Streitthemen geht: groß und klein, stark und schwach, männlich und weiblich. Die Kinder sind in diesen Momenten offen dafür und werden nach der Aufregung nicht mit ihren Fragen alleine gelassen.

Gegen das Rollenklischee

Sie können auch im Alltag den Rollenklischees entgegenwirken. Unterstützen Sie die Mädchen nicht, wenn sie sich gegen die Attacken der Jungen nicht wehren. Ermuntern Sie sie lieber, ihren Ärger zu zeigen und zu sagen, was sie stört. Den Lausbuben sollten Sie immer wieder zu verstehen geben, daß sie auch unangenehme Gefühle wie Angst und Unsicherheit zulassen dürfen.

Vertauschte Rollen – sich in andere hineinversetzen

Im Rollenspiel können Jungen und Mädchen andere Verhaltensweisen ausprobieren. Lassen Sie die Kinder beispielsweise ein „Gruselkabinett" spielen, indem sie sich als Monster-Buben und Horror-Mädchen schminken und verkleiden. Sie können die Kinder auch in einem Rollenspiel auf unterschiedliche Verhaltensweisen von Jungen und Mädchen aufmerksam machen. Fragen Sie die Kinder, wie sich Jungen und Mädchen normalerweise verhalten. Dann sollen je ein Junge und ein Mädchen die Rollen tauschen. Wie haben sich die Kinder in ihrer Rolle gefühlt? Was fanden sie unangenehm?

Wenn ich könnte, wie ich wollte – Phantasien ausleben

Kinder können durch Selbsterzählen von Geschichten gute und böse Phantasien ausleben. Das hilft, Aggressionen auszuleben und zu verarbeiten. Themen könnten sein:
- Wenn ich ein Vogel wäre.
- Wenn ich zaubern könnte.
- Wenn ich ein Power-Ranger wäre.
- Wenn ich ein Prinz oder eine Prinzessin wäre.

Märchenspiele – Lösungen suchen

In einem nachgespielten Märchen dürfen die Kinder Rollen selbst verteilen. In Märchen geht es meist um Angst und Mut, gut und böse, gewinnen und verlieren. Kinder erreichen Sie durch diese Schwarz-Weiß-Geschichten sehr gut. Die Kinder können zudem ihre Phantasien ausleben und eigene Vorstellungen einbringen, wenn sie die Märchen umdichten dürfen: Was würdest du tun, wenn du eine böse Stiefmutter hättest? Was wäre anders, wenn Schneewittchen ein Junge wäre? Würdest du allein durch den Wald laufen, würdest du dir eine Freundin oder einen Freund mitnehmen?

Immer nur

aggressiv

Wege aus der eigenen Wutrolle

Manche Kinder lernen von ihren erwachsenen Vorbildern, sich aggressiv und kämpferisch durchzusetzen. Wenn sie damit Erfolg haben und ihr Ziel erreichen, suchen sie keine andere Form der Konfliktlösung mehr. Beim geringsten Anlaß prügeln sie los.

Diese Kinder müssen lernen, Auseinandersetzungen nicht als Machtkämpfe und Nachgeben nicht als Schwäche zu verstehen.

Auszeit für Raufbolde

Ein Kind, das seine Interessen nur mit Aggression und körperlicher Gewalt vertritt, müssen Sie zunächst in die Schranken weisen. Trennen Sie es von der Gruppe. Vielleicht haben Sie eine Kuschel- oder Vorleseecke, wo Sie mit dem Kind ungestört sind. Versuchen Sie, mit ihm ins Gespräch zu kommen. Machen Sie ihm klar, wie es sich selbst fühlen würde, wenn es ständig bedroht und eingeschüchtert würde. Sprechen Sie mit den Eltern, damit seinem aggressiven Verhalten auch im Elternhaus Grenzen gesetzt werden.

Interaktions- und Kooperationsspiele können ihm schließlich Möglichkeiten zeigen, Konflikte friedlicher und fairer zu lösen. Dagegen sind Spiele und Übungen, die Erfolgserlebnisse vermitteln, zunächst nicht angebracht.

Eine Geschichte als Gesprächseinstieg

Kindern, denen es schwer fällt, über Angst, Schwäche und Mut zu sprechen, können Sie mit einer Geschichte den Gesprächseinstieg erleichtern. In der folgenden Geschichte geht es um Ralf. Er hat Angst, wenn es dunkel ist und die Tür zu seinem Zimmer zu ist. Da kann er nicht einschlafen. Vom Sprungbrett im Schwimmbad mag er auch nicht springen. Das ärgert ihn. Gerne wäre er so mutig wie der Micha aus der Kindergruppe oder wie sein Opa.

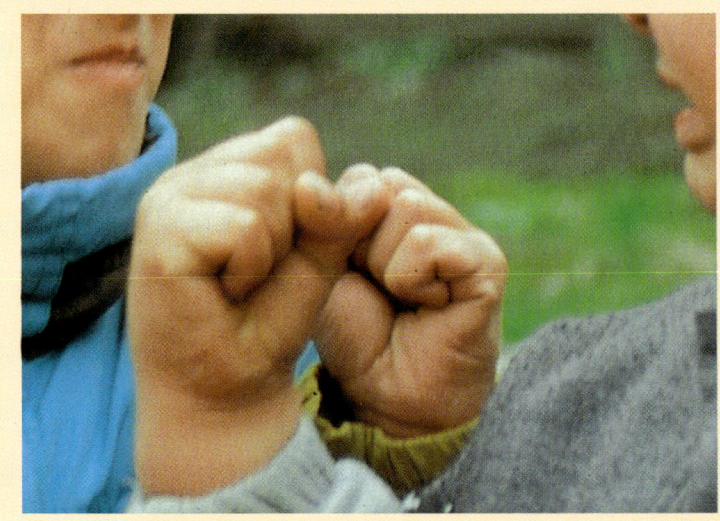

Alle Menschen haben Angst

„Stimmt's, du hast nie Angst?", fragt Ralph seinen Opa.
„Alle Menschen haben Angst", sagt da der Opa.
„Was, alle Menschen, auch du? Wovor hast du denn Angst?" Ralph kann nicht glauben, daß alle Angst haben. Aber wenn auch der Opa manchmal Angst hat?
„Als ich klein war, hatte ich nachts manchmal Angst, wenn ich einen bösen Traum hatte. Und in der Schule hatte ich Angst, wenn ich an die Tafel mußte. Und jetzt habe ich Angst, daß das Rheuma in meinem Bein schlimmer wird."
Ralph hört dem Opa zu. Er findet es toll, daß auch sein Opa Angst hat. Aber der Micha im Kindergarten, der hat ganz sicher nie Angst. Er ist der Mutigste in der Tagesstätte, und alle haben großen Respekt vor ihm.
„Der Micha hat nie Angst", sagt Ralph . „Alle Menschen haben Angst. Wer es nicht zugibt, ist feige", sagt der Opa mit ganz fester Stimme. Die Stimme hat er immer, wenn etwas absolut und ohne Zweifel stimmt.
Am nächsten Tag beobachtet Ralph den Micha. Er fragt sich, ob wirklich jeder Angst hat. „Alle Menschen haben Angst, sagt mein Opa", meint Ralph ganz schnell, als Micha bei ihm steht. „So ein Quatsch", sagt Micha, „wahrscheinlich ist dein Opa so ein Angsthase wie du. Armer Opa", und er läuft weiter. „Armer Micha", denkt Ralph, und dann denkt er an seinen Opa, und er muß lächeln.

Warum lächelt denn jetzt der Ralph, und warum denkt er „armer Micha"? Glaubst du, daß der Opa recht hat und daß jeder irgendwann mal Angst hat? Warum will es Micha nicht zugeben? Wovor hast du Angst? Sprechen Sie mit dem Kind über Angst, Schwachsein und Mutigsein. Was ist für das Kind mutig? Ist es mutig, seine Angst zuzugeben, oder nicht? Dem Kind fällt sicher viel ein.

Zwerge und Riesen – über Mut und Furcht reden

Am Beispiel von Riesen und Zwergen können Sie mit einem Kind über Mut und Furcht, Groß und Klein, Stark und Schwach reden. Kinder verbinden Größe gerne mit Mut. Wer klein und zurückhaltend ist, gilt als Schwächling. Doch in den Märchen werden Riesen stets als dumm dargestellt. Die kleinen, aber schlauen Zwerge legen die Riesen deshalb trotz ihrer Kraft herein. Welche Riesen und Zwerge kennt Ihr wütendes Kind? Vielleicht fallen ihm Geschichten von Riesen und Zwergen ein. Lassen Sie es erzählen, oder lesen Sie ein Märchen vor. Was wäre es lieber, Riese oder Zwerg? Warum? Sie können auch Bilder, etwa von einem kleinen Mann in einer Warteschlange oder auch von einem Elefanten in einer Telefonzelle zeigen. Was mögen die Betroffenen denken? Wie fühlen sie sich? Wie sollte sich die Umgebung verhalten?

Es tut mir ja leid

Ein Kind leidet unter Mißstimmungen, die es verursacht hat. In der Regel ist es daher gerne bereit, sie wieder aus der Welt zu schaffen. Helfen Sie ihm dabei, und zeigen Sie ihm Wege zur Wiedergutmachung. Diese Zeichen des guten Willens sollten Sie gemeinsam mit den Kindern erarbeiten.

Wiedergutmachungen:

- Gemeinsam einen Blumentopf basteln, der in einem Wutanfall kaputt ging.
- Mit einem Erwachsenen auf den Sperrmüll gehen und einen Ersatz für einen zerstörten Gegenstand suchen.
- Sich eine Entschädigung für jemanden überlegen, der unter dem Wutanfall besonders gelitten hat.
- Für ein Kind, dem weh getan wurde, eine Patenschaft übernehmen. Stellvertretend kann es auch die Fürsorge für ein neues Gruppenmitglied sein.

Riesengroß und mäuseklein – zurück in die Gruppe

Nach einem Streit dauert es meistens noch eine ganze Weile, bis sich die Gemüter beruhigen. Rollen- und Verwandlungsspiele helfen, sich abzureagieren und sich wieder anders zu erleben. Bieten Sie Spiele an, in denen es um Stärke und Schwäche geht, damit die Kinder nach heftigen Auseinandersetzungen beide Verhaltensmuster spüren. Auch die Störenfriede, die den Streit angezettelt und deshalb den Raum verlassen mußten, können durch diese gemeinsamen Spiele wieder in die Gruppe zurückgebracht werden.

- Stark wie ein Löwe
- Schwach wie ein Kätzchen
- Klein wie ein Zwerg
- Groß wie ein Riese …

Laßt uns Löwe, Katze, Riese sein:

Manchmal fühlen wir uns groß und stark, manchmal klein und schwach. Das können Kinder mit folgenden Übungen erfahren: Kinder strecken sich so hoch wie es geht. Sie gehen auf Zehenspitzen durch den Raum und haben die Arme hochgestreckt.

Ich bin klein wie ein Zwerg:

Kinder laufen in der Hocke weiter. Den Kopf halten sie gesenkt, die Schultern sind eingezogen. Sie watscheln wie kleine Küken durch das Zimmer.

Ich bin ein Hund:

Kinder krabbeln auf dem Boden auf ihren Händen und Knien. Wenn der Hund müde ist, zieht er die Knie an und legt seinen Kopf zwischen die Hände.

Als der Riese sein Glückssteinchen verloren hatte – eine Groß-Klein-Geschichte

Der Riese lebte zusammen mit seiner Frau und seinen beiden Kindern im Riesengebirge. Dort gab es früher auch noch viele Tiere. Aber weil sie sich vor der Riesenfamilie fürchteten, hatten sie alle das Riesengebirge verlassen. Seitdem gab es für die Riesenkinder keine Spielkameraden mehr.

Eines Tages verlor der Riese sein Glückssteinchen. Er hatte es immer in einem kleinen Beutel an einer Kette um den Hals getragen. Das Steinchen war ganz winzig klein, dennoch konnte der Riese sehen, wie es in eine kleine Erdspalte hineinkullerte und in der Tiefe verschwand. Er wollte Hilfe holen und verließ den Riesenwald.

Viele verschiedene Tiere begegneten ihm, und er bat sie alle um Hilfe. Sie aber hatten Angst und rannten davon. Da hörten sie den Riesen weinen und bekamen Mitleid. „Ich brauche Hilfe", sagte der Riese, und Tränen kullerten über seine

Wangen. „Meine Hände sind viel zu groß, und wenn ich mit meinen großen Füßen zu nah an die Spalte komme, fällt mein Steinchen noch tiefer hinein."

Da beschlossen die Tiere, ihm zu helfen. Die Maus, die Katze, der Hund, der Tiger und der Löwe. Alle kamen mit, doch auch für sie war die Spalte zu eng. So sehr sie sich auch bemühten, nicht einmal die Maus paßte hinein. „Was macht ihr denn für einen Lärm?", rief plötzlich eine leise Stimme. Ein kleiner Käfer kam angekrabbelt.

Da freuten sich alle, und sie erzählten dem Käfer von dem Unglück. Ohne Schwierigkeiten kletterte der kleine Käfer in die Spalte und sah tief unten etwas glitzern. Er brachte dem Riesen sein Steinchen zurück. Da tanzten alle, und der Riese feierte mit ihnen ein Fest. Und weil die Tiere jetzt keine Angst mehr vor der Riesenfamilie hatten, kamen sie auch wieder in das Riesengebirge – und die Kinder haben bis heute viel Spaß mit ihnen.

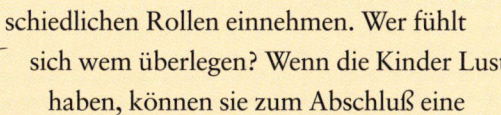

Ich bin eine Katze:

Kinder laufen auf Händen und Füßen, der Po ist hochgestreckt. Die Katze ist zum Sprung bereit. Ist das Kätzchen müde, rollt es sich zusammen, ganz eng. Es kann auch auf der Seite liegen.

Ich bin ein Käfer:

Kinder krabbeln erst mit ihren Fingern auf dem Boden. Die Finger sind ganz schnell. Nun versuchen die Kinder selbst schnell zu krabbeln. Das ist schon schwerer, irgendwie waren die kleinen Finger flinker. Nun ist der Käfer auf den Rücken gefallen, er zappelt mit Armen und Beinen und hat Mühe, sich wieder umzudrehen.

Ich bin ein Löwe:

Die Kinder sitzen auf ihren Fersen. Die Hände liegen auf den Knien und die Finger sind weit gespreizt. Sie reißen den Mund auf und strecken die Zunge raus: „Uuaah, uuaah!" Aber auch ein Löwe ist mal müde. Er zieht die Krallen ein, rollt sich auf die Seite und liegt friedlich da wie unser kleines Kätzchen.

Ich bin ein wilder Tiger vor dem Sprung:

Kinder haben die Beine stark gespreizt und beugen ihren Oberkörper nach vorne, bis die Hände auf dem Boden sind. Man kann eine Spannung in den Oberschenkeln spüren, schließlich setzt der Tiger zum Sprung an! Nun wird der Kopf mit gefährlichen Grimassen weit nach oben gestreckt.

Lassen Sie die Kinder in die verschiedenen Rollen schlüpfen. Fragen Sie die Kinder, welche Rolle ihnen am besten gefallen hat. Oder hat es Spaß gemacht, kuschelig zu liegen, wie die kleinen Katzen, und dann wieder ein wilder Tiger zu sein? Lassen Sie auch verschiedene Kinder gleichzeitig die unter-schiedlichen Rollen einnehmen. Wer fühlt sich wem überlegen? Wenn die Kinder Lust haben, können sie zum Abschluß eine Geschichte spielen. Spätestens dann ist der Gruppenfrieden wieder hergestellt, und auch das wütende Kind ist entspannt, da es endlich aus seiner aggressiven Rolle schlüpfen konnte.

Als die großen Finger beschlossen, den Daumen nicht mitspielen zu lassen

Sie können mit den Kindern auch ein Fingerspiel einüben. Beim folgenden Fingerspiel geht es um Ärger und Zusammengehörigkeit:

Ich bin der Daumen und heute ganz sauer, ich soll nicht mitspielen, denn ich bin ihnen zu dick.
Ich bin der Zeigefinger und groß wie `ne Mauer, ja der Daumen, der ist wirklich nicht schick.
Ich bin der Mittelfinger, stolz wie ein Kirchturm, mich haut so schnell keiner um.
Ich bin der Ringfinger, man schmückt mich sehr gerne, der Daumen, der heult, ist ja wirklich zu dumm.
Ich bin der Kleine, bin süß und beliebt, und glaube, es geht ohne den Daumen sehr schwer.
Da versuchen sie`s kurz ohne den Daumen, es geht nicht, so rufen sie: „Der Daumen muß her."

Der Daumen wirkt plump und sieht nicht so stolz wie die anderen Finger aus. Doch ohne ihn ist man ganz schön aufgeschmissen. Die Kinder können dies versuchen, indem sie ohne Daumen essen, schreiben oder ihre Jacken anziehen.

Wenn **neue** Kinder streiten

Gute Gefühle für die ersten Tage

Kommt ein Kind neu in die Gruppe, braucht es einige Zeit, bis es seinen Platz findet. Manchen fällt das besonders schwer. Schließlich haben viele noch keine Erfahrungen mit Gruppen und müssen sich auf das Neue erst einlassen. Dabei kommt eine Menge auf sie zu: Sie sollen sich zurücknehmen, gleichzeitig aber selbstbewußt sein, teilen, zuhören und sich möglichst mit allen vertragen. Oft kommt noch der Trennungsschmerz von den Eltern an der Tür hinzu. Kein Wunder also, daß einige Kinder sich überfordert fühlen. Und einige reagieren mit Wut auf die neue Situation.

Ein neues, wütendes Kind in der Gruppe kann allerhand durcheinanderbringen. Da werden Spielsachen zerstört, andere geärgert, und manchmal kommt es zu handgreiflichen Auseinandersetzungen. Hinter dieser Fassade steht die Angst vor dem Neuen und die Trauer um das Gewohnte.

Mut machen

Nehmen Sie das Kind in einer solchen Situation auf die Seite. Ziehen Sie sich an einen ruhigen Ort zurück. Fragen Sie es, wie es sich fühlt. Vielleicht schafft es sofort, sich zu öffnen. Wenn nicht, dann helfen Sie ihm: Erzählen Sie dem „Neuen", wie Sie sich unter lauter fremden Menschen fühlen würden. Wenn das Kind sich dann immer noch ablehnend und trotzig verhält, lassen Sie ihm noch Zeit. Erklären Sie ihm aber gleich, daß Sie es unterstützen werden, in der Gruppe zurechtzukommen. Ebenso hilft es , wenn Sie ihm aus Ihrem Leben erzählen. So zeigen Sie Verständnis und schaffen Geborgenheit. „Die Geschichte vom kleinen Bär" bietet eine weitere Möglichkeit, dem Kind zu helfen und mit ihm ins Gespräch zu kommen. Auch der kleine Bär steht in einer völlig neuen Situation, in der er sich zurechtfinden soll. Sprechen Sie mit dem Kind über den kleinen Bären. Fragen Sie es, wie man ihm helfen kann? Vielleicht erkennt sich Ihr Kind in dem kleinen Bären wieder und findet mit Ihnen einen Weg.

Der kleine Bär lernt den großen Wald kennen

Der kleine Bär wußte, daß der Tag kommen wird, an dem er zum ersten Mal den großen Wald erkunden soll. Eigentlich hat sich der kleine Bär auf diesen Tag riesig gefreut. Doch jetzt hat er große Angst. Oh je, ihm wird ganz schlecht. Bisher war der kleine Bär nur immer in einem bestimmten Waldstück in der Nähe des Hauses unterwegs, das er auch nicht verlassen durfte. Dort kennt er jeden Weg, jeden Baum, jeden Strauch und auch alle Tiere.

Nun ist der kleine Bär aber alt genug, um den großen Wald kennenzulernen. Die ersten Tage wird sein Vater noch mitgehen und ihm zeigen, wo die schönsten Beeren wachsen. Und der kleine Bär soll sich alles merken.

In der Nacht zuvor kann der kleine Bär nicht einschlafen. Er stellt sich vor, daß er ganz krank ist und deshalb nicht mitgehen kann. Doch er hustet ja nicht mal. Und dann weint er. Wenn er zugeben würde, wie ängstlich er ist, würden die anderen bestimmt über ihn lachen und sagen, daß er ein Baby sei. So fühlt er sich ja auch. Wenn er doch nur ein Baby wäre. Mit diesen Gedanken schläft er schließlich doch ein. Der Morgen kommt und Mama weckt ihn. Sie sagt, daß er sich beeilen soll, weil Papa schon ganz früh los muß. Heute ist ja Papa noch dabei, denkt der kleine Bär, und steht auf. Das Frühstück schmeckt trotzdem nicht, und er fühlt sich ganz alleine. „Nun mach schon", sagt Mama Bär etwas ungeduldig. Da reicht es dem kleinen Bären aber, und er stößt seinen Tee um. Mama ist sauer und schickt ihn raus. Sie sollen jetzt endlich gehen, meint sie.

Und dann gehen sie. Papa erklärt und zeigt ganz viel. Richtig schön ist der große Wald, und sie treffen viele nette Tiere. Aber der kleine Bär bemerkt das alles nicht. Der Weg ist ihm zu ungemütlich, der Boden tut ihm an seinen Tatzen weh. Es ist zu kalt. Die Tiere sind ihm zu unfreundlich. Er schimpft die ganze Zeit. Am nächsten Tag ist das genauso. Und am übernächsten ... und am überübernächsten ...

Schließlich sagt Vater: „Nun findest du sicher alles alleine. Ab morgen kannst du ohne mich gehen." Da läuft der kleine Bär zu seinem Lieblingsplatz und weint. Eigentlich weiß er gar nichts. Er wird auch keine Beeren finden, er hat ja gar nicht zugehört. „Weil es auch so doof dort ist", denkt er.

Als er so dasitzt, kommt sein Freund vorbei Doch der kleine Bär schreit ihn nur an: „Verschwinde!" Da ist sein Freund natürlich sauer. Er weiß ja nicht, was mit dem kleinen Bären los ist. Er sagt „Du Depp" und geht. „Alle sind doof, sogar mein Freund", denkt der kleine Bär. „Keiner mag mich."

Gute Gefühle schaffen

Wenn es erst einmal zu Auseinandersetzungen gekommen ist, müssen Sie den Streit natürlich klären. Dennoch braucht ein neues Kind sicher keine schroffe Maßregelung. Schließlich fühlt es sich ohnehin schon allein und unsicher.

Versuchen Sie auch in spannungsgeladenen Situationen, positive Gefühle zu schaffen. Nehmen Sie auch ein wütend um sich schlagendes Kind ein paar Minuten in die Arme. Das signalisiert ihm, daß Sie es nicht verurteilen, auch wenn Sie sein momentanes Verhalten änderungswürdig empfinden.

Ich mag uns

alle nicht

Selbstwertgefühl für Spielverderber

Kinder, die sich selbst annehmen können, haben ein gesundes Selbstwertgefühl und fühlen sich sicher. Sie reagieren weniger aggressiv, wenn sie angegriffen werden, und sind auch sonst ausgeglichener.

Kinder mit einem schwachen Selbstbild neigen dagegen dazu, auch positive Kontaktversuche ihrer Mitmenschen auf aggressive Weise abzuwehren. Sie mißdeuten manchmal auch freundliche Annäherungen, da sie nicht glauben können, daß andere sie mit ihren vermeintlichen Schwächen und Fehlern mögen.

Zeit lassen und Ruhe geben

Meist bestätigen die anderen Kinder dieses Gefühl auch noch. Denn wer sich und andere nicht mag, wird leicht zum Spielverderber – und damit auch zum Außenseiter. Es spürt die Ablehnung der anderen, und das ist noch ein weiterer Grund für das Kind, wütend zu reagieren und die anderen zu ärgern – ein Teufelskreis.

Mit einer Strafpredigt nach einem Streit werden Sie dieses Gefühl nur verstärken. Bieten Sie dem Kind deshalb zunächst einmal an, daß es sich zurückziehen darf. Die Kuschel- oder Matratzenecke, aber auch das Außengelände sind dafür die geeigneten Orte. Dort darf es sich je nach Gefühlslage austoben oder ausruhen.

Lassen Sie es dort aber nicht allzu lang alleine. Sehen Sie spätestens nach einer halben Stunde nach ihm. Falls sich das Kind noch immer nicht beruhigt hat, lesen Sie ihm eine Geschichte vor. Zeigen Sie, daß Sie zwar seine Handlungsweise ablehnen, aber nicht seine gesamte Persönlichkeit, und versuchen Sie, mit ihm ins Gespräch zu kommen. Beachten Sie dabei folgendes:

- Fragen Sie, was Sie wissen möchten: Warum findest du das nicht schön, was du gerade gemacht hast? Was gefällt dir nicht? Wie fühlst du dich hier? Hast du Freunde in der Gruppe?
- Fragen Sie sich auch einmal, was das Kind möchte, wenn es wütend ist.
- Bieten Sie dem Kind Beschäftigungen an, in welchen das Ergebnis zunächst keine Rolle spielt. Hier eignen sich besonders Spiele, bei denen das Kind mit allen seinen Sinnen arbeitet.
- Suchen Sie nach Gelegenheiten, die positiven Seiten des Kindes hervorzuheben.
- Bestätigen Sie das Kind in seinem Tun. Erklären Sie ihm auch, daß schon das Schaffen an sich die Leistung ist und daß doch der Spaß im Mittelpunkt der Arbeit stehen sollte.

Spiele und Übungen, um sich selbst anzunehmen

Um mit ihrer Umwelt Frieden schließen zu können, müssen diese Kinder im Spiel lernen, eine positive Einstellung zu sich zu finden und Selbstbewußtsein zu entwickeln. Wenn wir Kindern helfen, ihren Körper zu entdecken und die Sinne zu schulen, können wir ihnen Sicherheit vermitteln. Körperorientierte Spiele sind geeignet. Ein gutes Körpergefühl entwickeln Kinder auch durch Bewegung und Entspannungstechniken.

Spannende Entspannung

Ist ein Kind häufig verspannt und angestrengt, machen Sie mit ihm eine Entspannungsübung aus körperlicher Anspannung und Muskellockerung. Geben Sie folgende Anweisung, und führen Sie die Bewegungen dabei vor:

Stell dich mit leicht gespreizten Beinen aufrecht hin und lasse die Arme locker herunterbaumeln. Strecke nun den rechten Arm aus, als würdest du jemanden festhalten. Gehe mit dem linken Bein einen Schritt nach vorne und ziehe den ausgestreckten Arm zurück, als würde dir jemand in den Bauch schlagen. Dein Oberkörper knickt dabei nach vorne. Wiederhole die Übung mit dem linken Arm und dem rechten Bein. Schlage nun mit der rechten Faust nach links, dann mit der linken Faust nach rechts. Jetzt gehst du in die Hocke und schlägst die Arme über den Kopf, so daß die Ellenbogen deine Augen verdecken. Dann stellst du dich langsam mit hängenden Armen wieder aufrecht hin und schaust nach oben. Spüre nun, wie die Anspannung deinen Kopf verläßt, über die Schultern den Körper hinuntergleitet, die Beine erreicht und unter den Füßen im Boden verschwindet.

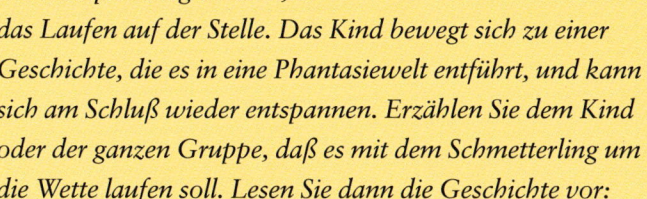

Der Schmetterlingslauf

Eine spielerische Übung, die mit dem Wechsel von Anspannung und Entspannung arbeitet, ist das Laufen auf der Stelle. Das Kind bewegt sich zu einer Geschichte, die es in eine Phantasiewelt entführt, und kann sich am Schluß wieder entspannen. Erzählen Sie dem Kind oder der ganzen Gruppe, daß es mit dem Schmetterling um die Wette laufen soll. Lesen Sie dann die Geschichte vor:

Spürt ihr den Boden unter euren Füßen, habt ihr guten Halt? Dann beginnt euren Dauerlauf. Winkelt die Arme an und versucht, auf der Stelle zu laufen. Nun beginnt unsere Phantasiegeschichte. Wer möchte, darf die Augen schließen. Ich laufe gemütlich über eine Wiese. Es ist herrlich, ich höre die Bienen summen, und es riecht ganz angenehm frisch. In der Ferne höre ich noch einen Bach rauschen, und ich überlege mir, ob ich meine Beine in den kühlen Bach eintauchen möchte. Ein wunderschöner Schmetterling flattert an mir vorbei. Ich versuche, mit ihm um die Wette zu laufen. Unglaublich, wie schnell er ist, immer schneller flattert er. Ich laufe auch ganz schnell, aber er ist so flink. Ich kann ihn nicht sehen. Da, jetzt sehe ich ihn wieder. Er fliegt nun langsamer. Ich laufe gemütlich neben ihm her, immer langsamer und langsamer. Dann setzt er sich auf eine Blume. Da bleibe ich auch stehen. Ich atme langsam ein und aus, schaue mich um. Da höre ich das Rauschen eines Baches. Ich gehe ein paar Meter durch die Sträucher. Da sehe ich ihn vor mir. Ich lege mich hin und genieße sein Rauschen. Ich ziehe Schuhe und Strümpfe aus und hänge meine Füße in das klare Wasser. Es ist kühl, und ich plansche eine Weile darin ... Jetzt fühle ich mich frisch und ausgeruht.

Das bist du

Für diese Übung sollten Sie einen großen Spiegel haben, der nicht im Gemeinschaftsraum hängt. Das Kind sollte die Übung allein und unbeobachtet machen können, um von den anderen nicht gestört zu werden. Fordern Sie das Kind auf, sich anzuschauen. In der Regel versteift es sich nach dieser Aufforderung erst einmal. Nun sprechen Sie mit ruhiger Stimme: „Stelle dich ganz bequem vor den Spiegel und betrachte deinen Körper. Schau dir deinen Hals und deinen Kopf an. Wirken sie entspannt? Oder sind deine Schultern etwas hochgezogen, der Kopf eingezogen, Kinn und Stirn angespannt? Dann nimm eine lockere Haltung ein. Lehne dich dazu mit dem Rücken an eine Wand, so daß die Fersen und die Schultern die Wand leicht berühren. Drücke nun deinen Po sanft gegen die Wand. Jetzt hast du Halt und kannst deinen Körper ein bißchen nach vorne hängen lassen und die Arme an den Seiten herunterbaumeln lassen. Laß auch deinen Kopf hängen. Betrachte dich jetzt erneut. Sehen dein Gesicht und deine Haltung nun entspannter aus?"

Freundschaftsspiele

Freundschaftsspiele integrieren Kinder behutsam in die Gruppe. Sie erleben, wie man einen Freund oder eine Freundin sucht, und merken, wie es ist, von jemandem ausgewählt zu werden. Sie bauen spielerisch Beziehungen auf.

Du bist mein Spiegel:

Bei diesem Spiel stehen sich immer zwei Kinder gegenüber. Das eine Kind steht vor dem Spiegel, das andere ist sein Spiegelbild. Nun muß das eine Kind immer genau das nachahmen, was sein Gegenüber macht. Die Kinder müssen sich dabei aufeinander einstellen. Auch das Kind, das vor dem Spiegel steht, muß sich nach dem anderen richten. Bewegt es sich zu schnell oder verändert es Gestik und Mimik zu abrupt, kommt sein Mitspieler nicht mit. Wichtig ist, daß die Darsteller nicht sprechen. Sie müssen sich absolut auf den anderen konzentrieren, indem sie ihn anschauen. Die Gruppe darf dem lustigen Schauspiel zusehen. Sie können diese Übungen auch filmen, damit sich die Akteure anschließend selbst betrachten können.

Blinde führen:

Ein Kind spielt, es wäre blind. Es muß die Augen verschließen und darf allerhöchstens dann spicken, wenn es gar nicht mehr anders geht. Nun ist es ganz auf seinen Helfer angewiesen. Der Helfer lotst seinen Schützling sicher durch die Welt, indem er ihn am Arm führt. Nach einer Weile wird gewechselt.

- Etwas schwieriger: Man muß noch mehr Vertrauen haben, wenn der Helfer hinter dem Blinden geht. Nur durch Tippen auf die rechte oder linke Schulter darf er die Richtung angeben. Legt er die Handflächen auf den Kopf, bleiben beide stehen.
- Schutzengel: Der Helfer geht nun voraus und versucht, sich durch Geräusche bemerkbar zu machen. Er darf Flüstern, Schlurfen, Pfeifen, damit sein Schutzbefohlener bemerkt, in welche Richtung er gehen soll.

Du sollst es sein:

Die Kinder stehen oder sitzen im Kreis. Beginnen Sie als erster, indem Sie um den Kreis herumlaufen und sagen: „Bestimmt könnt ihr mich gut verstehn, ich möchte nicht allein auf Reisen gehn." Bleiben Sie vor einem Kind stehen und fragen Sie: „Möchtest du mit mir auf die Reise gehn?" Stimmt das Kind zu, nehmen Sie es an die Hand und fragen: „Wie heißt du?" Wenn das Kind seinen Namen sagt, antworten Sie: „Der Christian möchte mit mir auf die Reise gehn. Das ist schön." Das Kind geht nun mit Ihnen um den Kreis und sucht sich einen weiteren Begleiter. Es sagt: „Vielleicht kann man uns gut

20

verstehn, wir wollen nicht alleine auf die Reise gehn." Es wählt einen Freund aus und nimmt ihn mit auf die Reise. Die Schlange wird dadurch immer länger, der Kreis immer kleiner.

Ich möchte nicht alleine sein:

Die Kinder sitzen im Kreis. Setzen Sie sich in die Mitte und sagen Sie: „Ich sitze in der Mitte und bin hier ganz allein. Nur ganz wenige Schritte, dann kannst du bei mir sein." Nennen Sie dann ein typisches Merkmal eines der Kinder, etwa: „Du hast eine rote Hose an." Erkennt die Gruppe das ausgewählte Kind, darf sie seinen Namen rufen. Das Kind mit der roten Hose setzt sich zu Ihnen und wünscht sich ebenfalls einen Mitspieler, den es mit einem Kleidungsstück oder einer auffälligen Eigenschaft aufruft. Helfen Sie in den ersten Runden beim Text.

Für mich bist du immer du – ein Spiel zum Liebhaben:

In diesem Spiel geht es um starke Gefühle für eine geliebte Person. Die Kinder können dabei spüren, daß sie mit jemandem sehr eng verbunden sind. Die Kinder sollen sich jemand vorstellen, der ihr bester Freund oder die liebste Freundin ist. Erzählen Sie dann die Geschichte vom kleinen Bär und seiner Freundin. Der kleine Bär hat ihr einen Brief geschrieben, weil sie sich gerade nicht so wohl fühlt.

> Für mich bist du immer du, auch wenn du ganz struppige Haare hast.
> Für mich bist du immer du, auch wenn du ganz furchtbar schmutzig bist.
> Für mich bist du immer du, auch wenn du kaputte Hosen hast.
> Für mich bist du immer du, auch wenn du heute ganz traurig bist.
> Für mich bist du immer du, auch wenn du dich heute selbst nicht magst.
> Ich habe dich immer lieb.
>
> Dein kleiner Bär

Was will der kleine Bär seiner Freundin sagen? Geht es den Kindern auch so, wenn sie an ihre beste Freundin oder ihren besten Freund denken? Lassen Sie größere Kinder einen Brief schreiben, der mit den Worten „Für mich bist du immer du, auch wenn ..." beginnt. Helfen Sie den Kindern, die richtigen Worte zu finden. Wer möchte, kann der Gruppe auch verraten, an wen der Brief gerichtet ist, oder den Brief dem Adressaten zuschicken.

Mandalas malen

Das Malen oder Anmalen von Mandalas beruhigt Kinder. Gerade in Krisensituationen werden die harmonischen Bilder eingesetzt, weil selbst aggressive und unruhige Kinder durch das gleichmäßige und konzentrierte Malen ruhig werden. Mandalas sind Ornamente mit einem klaren Mittelpunkt, die auch als Meditationsbilder verwendet werden. Man kann den Kindern fertige Muster vorlegen, die sie ausmalen können, oder sie eigene Mandalas malen lassen. Besonders gut zur Wirkung kommen die farbigen Formen, wenn man sie auf Pergament oder Folie malt und anschließend vor das Fenster hängt. Eine ähnlich konzentrierende Wirkung hat das Zeichnen und Ausmalen von Labyrinthen, Spiralen, Zauberkreisen, Baumringen oder Blütenformen. Mandalas können auch gestickt oder mit Blüten oder Steinchen auf dem Boden ausgelegt werden.

Wenn ich etwas nicht weiß, dann helfen mir die anderen – mehr als eine Geschichte

Neben gemeinsamen Spielen rund um Freundschaft können auch Geschichten helfen, ein Kind, das nur schwer Beziehungen aufbaut, besser in die Gruppe zu integrieren. Die folgende Geschichte will ihm zeigen, daß es sich ruhig helfen lassen kann. Sie können sie vorlesen und anschließend mit dem Kind oder der Gruppe besprechen. Da die Geschichte als Theaterstück aufgeführt werden kann, erlebt das Kind nach einem Wutanfall oder einem Streit wieder angenehme Gefühle.

Bellos Erlebnisse können gut in eine Klanggeschichte umgesetzt werden. Die Kinder überlegen, welches Instrument zu welchem Tier paßt, und begleiten die Geschichte musikalisch. Der tapsende Hund kann beispielsweise durch eine Handtrommel dargestellt werden, das galoppierende Pferd durch eine Röhrentrommel, die zwitschernden Vögel durch Fingercymbeln, die Schmetterlinge durch eine Triangel. Denkt Bello abends in der Hütte an seine neuen Freunde, spielen alle Instrumente leise zusammen, bis Bello einschläft. Im gemeinsamen Spiel spüren die Kinder, wie schön es ist, Freunde zu haben.

Als Bello den Frühling suchte

Bello ist ein kleiner, neugieriger Hund. Eines Nachmittags sitzt er ganz alleine in seiner Hundehütte und langweilt sich. Da erinnert er sich, daß heute morgen andere Tiere über den Frühling gesprochen haben. „Was ist das, der Frühling, und wo finde ich ihn?" Das weiß Bello noch nicht. Aber er will es herausfinden.

Er läuft auf eine große Wiese. Hier will er den Frühling suchen. Als er ein Pferd trifft, fragt er: „Weißt du, wo ich den Frühling finde?" Das Pferd antwortet ihm: „Der Frühling ist dort, wo die schönsten Blumen in allen Farben blühen", und galoppiert davon.

Bello schaut nach rechts und nach links und geht aufgeregt weiter. Da entdeckt er einen Regenwurm, der gerade an einem Grasblatt entlang kriecht. Auch ihn fragt er: „Weißt du, wo ich den Frühling finde?" Der Regenwurm antwortet: „Den Frühling findest du dort, wo das schönste Gras wächst", und kriecht weiter.

Da bedankt sich Bello, und er schaut das Gras an. Als er weiterläuft, kommt er an einem Baum vorbei. Er hört in den Zweigen lauter kleine Vögel lustig zwitschern. Bello schaut hoch und ruft laut: „Hallo, ihr Vögel dort oben. Könnt ihr mir bitte sagen, wo ich den Frühling finde?"

Die Vögel zwitschern: „Wo der Himmel am blauesten ist, da ist der Frühling."

Bello bedankt sich wieder, schaut etwas ratlos und springt weiter. Vom vielen Laufen wird Bello ganz müde und legt sich ins Gras. Er ist ganz in Gedanken versunken, als ein Schmetterling und ein Marienkäfer angeflattert kommen. Die beiden fragen: „Kleiner Hund, was machst du hier und warum schaust du so traurig?" Bello antwortet: „Ich suche den Frühling, und keiner kann mir helfen. Das Pferd sagt mir, ich soll die schönsten Blumen suchen. Der Regenwurm meint, ich finde ihn dort, wo das Gras am schönsten ist, und die Vögel schicken mich, den blauesten Himmel zu finden. Jeder sagt etwas anderes. Wo also soll ich denn nun suchen?"

Der Schmetterling und der Marienkäfer lachen, und sie sagen: „Kleiner Hund, alle haben recht. Nun schau dich doch mal um, du liegst mitten im Frühling." Und schon flattern sie weiter. Da schaut sich Bello um. Er sieht über sich den blauesten Himmel, den er je gesehen hat. Er blickt über die Wiese und sieht ein Meer aus bunten Blumen inmitten einer grünen Wiese. Da weiß er, daß er gefunden hat, was er die ganze Zeit suchte, denn so schön kann nur der Frühling sein. Weil er so aufgeregt war, hat er ihn die ganze Zeit nicht gesehen.

Fröhlich läuft er heim – vorbei an den Vögeln, an Regenwurm und Pferd. Er bedankt sich noch einmal für ihre Hilfe. Er schaut sich um und sieht den Schmetterling und den Marienkäfer und winkt ihnen zu. Als Bello abends in seiner Hütte liegt, denkt er noch einmal an den schönen Tag. Er hat viel gesehen und neue Freunde gefunden.

(Tanja Rothenhöfer)

23

Wenn die **Wut** ganz plötzlich kommt

Ruhe- und Trost-Ideen

Wenn sich an den Lebensumständen eines Kindes etwas ändert, kann es in seinem Inneren verunsichert werden. Ein Wutanfall ist dann wie ein Hilferuf. Das Kind braucht in einer solchen Situation vor allem Zuwendung, Geborgenheit und Nähe, um die innere Unruhe zu bewältigen. Lassen Sie das Kind nach seinem heftigen Gefühlsausbruch nicht allein. Prüfen Sie, ob das Kind einfach getröstet werden will, und nehmen Sie es in den Arm. Lassen Sie es spüren, daß es gemocht wird. Das Kind braucht jetzt vor allem diese Bestätigung.

Fragen Sie, ob es mit Ihnen sprechen will. Eine Geschichte erleichtert den Gesprächseinstieg. Wenn sich ein Kind plötzlich anders verhält, sollten Sie zudem die Eltern informieren. Bleiben Sie in engem Kontakt mit der Familie und überlegen Sie gemeinsam, wie Sie dem Kind sein seelisches Gleichgewicht zurückgeben können.

Blitzableiter

Auch einem Kind, das plötzlich und zum ersten Mal aggressiv reagiert, muß klar sein, daß es auch für seine Wut Grenzen gibt. Hat es mit Gegenständen nach anderen geworfen, bieten Sie einen Ersatz an, mit dem es sich abreagieren kann. Am Anfang dieses Kapitels haben Sie einige „Blitzableiter" kennengelernt. Das kann Zeitungspapier sein, das zusammengeknüllt und an die Wand, auf einen Gegenstand oder in den Papierkorb geschleudert wird.

Auch Knetmännchen können zu Wutableitern werden. Malen und Tonarbeiten können auch gezielt zur Beruhigung und Konzentration eingesetzt werden. Dazu gibt man konkrete Aufgaben zur Darstellung harmonischer und runder Formen. Es genügt, wenn Kinder eine Kugel, einen Pilz oder eine kleine Schale formen.

Mona spinnt – eine Geschichte

Geschichten können helfen, über Probleme zu sprechen. Sie können Mut machen und trösten. In der Geschichte von Mona geht es beispielsweise um die Verunsicherung nach der Scheidung der Eltern:

Mona freut sich normalerweise, wenn es Eierkuchen gibt. Jetzt aber sagt sie: „Pfui, die mag ich nicht essen."

Mona hat sich immer schön das Haar gekämmt. Jetzt aber will sie ganz zottelig aussehen.

Mona hat sich immer nach jedem Essen die Zähne geputzt. Jetzt aber will sie, daß die Zähne Löcher haben.

Mona hat immer ihre Kleider abends über den Stuhl gehängt. Jetzt aber wirft sie die Kleider unter das Bett.

Mona hat immer gerne mit der Mami Memory gespielt. Jetzt aber schmeißt sie das Spiel auf den Boden.

„Was ist denn mit dir los?" fragt die Mami, und die Kinder im Kindergarten sagen: „Mona spinnt!"

Mona hat ein neues Zimmer bekommen, in einer neuen Straße, in einer neuen Wohnung. Und sie hat noch ein zweites, neues Zimmer bekommen, in einer anderen Straße und in einer anderen Wohnung. Früher hatten sie alle zusammen eine Wohnung, und jetzt hat Mami eine neue Wohnung, und Papi hat auch eine neue Wohnung, und Mona hat jetzt zwei neue Zimmer in zwei Wohnungen in zwei Straßen. „Ist doch nicht schlecht", meint Lisa, Monas beste Freundin. Die hat ja keine Ahnung. „Du bist vielleicht doof", sagt Mona.

Als Mona in ihrem Zimmer bei der Mami sitzt, weint sie. „Das ist alles nur, weil ihr mich nicht lieb habt."

„Weißt du eigentlich, wie lieb ich dich habe?" fragt die Mami und nimmt Mona in die Arme. „Es ist noch neu für dich, aber es wird alles gut." Am Wochenende sagt auch der Papi, wie lieb er sie doch habe, und sie hängen lustige Bilder in Monas neues Zimmer. Da findet es Mona eigentlich auch gar nicht mehr so schlecht.

Jetzt kann sie wieder Eierkuchen essen, sich die Haare kämmen, die Kleider auf den Stuhl hängen und Memory spielen. Und so doof ist Lisa gar nicht. Das will sie ihr sagen.

Sprechen Sie mit dem Kind über Mona.

Schaukel Teddy in den Schlaf – Atemübung

Atemübungen helfen, innerlich ruhig zu werden und Kraft zu spüren. Erzählen Sie dazu eine Geschichte.

Das Kind liegt ganz entspannt auf einer Matratze auf dem Rücken. Es schließt die Augen. Auf seinem Bauch liegt ein Schmusetier oder eine Puppe. Das Kind soll tief mit dem Bauch ein- und ausatmen, so daß das Kuscheltier langsam und sanft geschaukelt wird.

Fragen Sie nach einer Weile: „Schläft dein Kuscheltier schon? Fühlt es sich wohl?" Die Schaukelbewegungen vermitteln das Gefühl von Geborgenheit und erinnern das Kind an eigene Erfahrungen als Kleinkind.

Ich beobachte meinen Atem

Das Kind liegt auf dem Rücken und atmet entspannt. Es soll nun beobachten, wohin sein Atem fließt. Es kann dazu mit seinen Händen auf dem Bauch die Bewegungen verfolgen. Geben Sie dazu Anleitungen: „Kannst du dir vorstellen, in Arme oder Beine zu atmen? Sucht sich der Atem einen anderen Weg, wenn du ausatmest?"

Sich öffnen und schließen

Das Kind steht aufrecht. Beim Einatmen soll es die Arme langsam in V-Form über den Kopf heben und den Brustkorb weit öffnen. Wenn es ausatmet, sinken die Arme langsam hinunter.

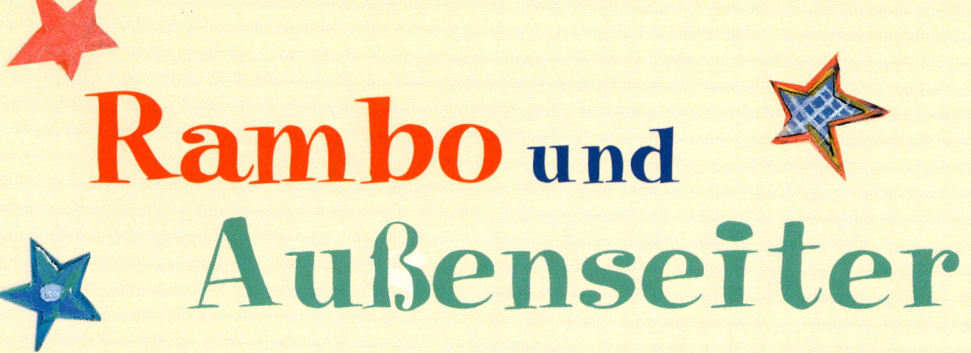

Rambo und Außenseiter

Mit Grenzen und Regeln Orientierung geben

Es gibt Kinder, die scheinen es geradezu darauf anzulegen, Ärger zu machen. Sie halten sich an keine Regel, stören ständig die Spiele der anderen Kinder und legen sich mit allen an. Diese Aufsässigkeit kann der verzweifelte Versuch sein, Aufmerksamkeit und Zuwendung zu erhalten. Vielleicht steckt dahinter aber auch eine ziemliche Verunsicherung, weil das Kind nicht einschätzen kann, wie weit es gehen darf. Es ist deshalb besonders wichtig, daß der Störenfried weiß, was er darf und was nicht. Er kann dann selbst entscheiden, ob er die Grenzen einhalten oder die Konsequenzen für eine Grenzverletzung tragen will. Welche Strafen es für Regelverstöße gibt, sollte man vorher genau überlegen und mit dem Kind ausmachen. Sie sollten sich direkt auf das Vergehen beziehen, angemessen und nicht überzogen sein. Kinder akzeptieren sie dann eher, als wenn sie willkürlich sind. Strafen müssen sich auch daran orientieren, was Kinder verstehen können, und sie sollten auch konsequent umgesetzt werden. Leere Drohungen verfehlen ihren Zweck und sind schädlich, da sie noch mehr verunsichern und auf Dauer den Respekt nehmen. Kinder verstehen die Spielregeln eher, wenn die Folgen für Regelverstöße eindeutig formuliert sind, etwa: „Wenn du nicht ordentlich am Tisch sitzt, gehst du aus dem Zimmer." Um künftigem Ärger vorzubeugen, können Sie den kleinen Rechtsbrecher spielerisch Grenzen erfahren lassen. Wahrnehmungsspiele geben ihm Orientierungsmöglichkeiten für sein Verhalten.

Rote Karte für Raufbolde

Lassen Sie harmlose Rangeleien ruhig zu. Allerdings müssen auch hierbei die Spielregeln klar sein. Sobald einer der Kontrahenten aufhören möchte oder aus der Rauferei blutiger Ernst wird, muß der Kampf abgebrochen werden. Vereinbaren Sie klare Stoppsignale, wie eine rote Karte oder ein Gongzeichen. Halten sich die Raufbolde nicht an die Abmachungen, müssen Sie sofort eingreifen, die Gegner trennen und festhalten.

Checkliste für „Rambos"

- ⬤ Regeln und Konsequenzen für Regelverstöße müssen klar sein.
- ⬤ Fragen Sie das Kind, warum es stört. So fordern Sie das Kind gleich auf, sich anders mitzuteilen.
- ⬤ Versuchen Sie, Verhalten durch positive Formulierungen zu verändern. „Alle, die ruhig sind, können mitmachen."
- ⬤ Sprechen Sie mit dem Kind in entspannten Situationen über sein Verhalten: „Ich finde es wichtig, daß kein Kind von dir geärgert, gestört oder gar geschlagen wird. In letzter Zeit ist das kaum der Fall." Arbeiten sie mit Verstärkern: „Wenn du morgen niemand ärgerst, darfst du dir für den Nachmittag etwas wünschen." Heben Sie die Belohnung hervor: „Wir machen Musik, weil der/die ... sich das gewünscht hat."
- ⬤ Prüfen Sie sich selbst, wie sie dem Kind gegenüber stehen. Anregungen dazu finden Sie in Kapitel 3.
- ⬤ Prüfen Sie sich: Bestärken Sie das Kind?
- ⬤ Nutzen Sie bewußt die Stärken dieses Kindes.
- ⬤ Hat das Kind in der Gruppe schon die Rolle des Bösewichts?
- ⬤ Was wissen Sie eigentlich über das Kind? Wann und warum ist es wütend?
- ⬤ Was macht ihm Spaß? Hat es Freunde in der Gruppe?...

Bieten Sie den Kindern an, auf einen Boxsack oder eine Matratze zu schlagen, um ihre Energien loszuwerden. Erleichtern Sie ihnen anschließend mit gemeinsamen Spielen die Rückkehr in die Gruppe. Wenn die Streithähne spüren, daß sie wieder aufgenommen werden, ist der Ärger bald verraucht.

Im Puppenkindergarten – Identifikationsfiguren helfen, Grenzen zu erkennen

Mit der Geschichte von Bonnie können Sie Kinder für das Aufstellen und Einhalten von Regeln sensibilisieren. Auch hier bezieht sich der Inhalt auf aktuelle Probleme.

„Im Puppenkindergarten geht alles drunter und drüber, und die kleine Puppe Bonnie ist hierüber sehr traurig. Ständig wird gestritten, keiner räumt seine Spielsachen weg, und die Dreiräder stehen überall im Weg. Die Puppenkinder lassen sogar einfach ihren Müll dort fallen, wo sie gerade stehen. Ein kleiner Puppenjunge beschwert sich, daß ihm sein Lieblingsauto kaputt gemacht wurde. Wenn jemand ein Bobbycar will, reißt er es einfach jemand anderem weg. Und ich werde die ganze Zeit geärgert, weil ich nicht so sportlich bin wie die anderen und bei den wilden Spielen nicht so schnell rennen kann. Den ganzen Tag muß ich mir Schimpfwörter anhören wie „Lahme Ente" oder „Schildkröte." Könnt ihr Bonnie helfen? Was würdet ihr im Puppenkindergarten ändern? Wie könnt ihr das durchsetzen?

Wüti aus dem Puppenland

Eine andere Identifikationsfigur aus dem Puppenland ist Wüti, der immer wütend ist. Der Kaspar oder das Stofftier berichtet, was ihm alles zugestoßen ist, worüber er sich wieder aufregen mußte. Die Kinder beurteilen Wütis Verhalten, indem sie für ihn Partei nehmen oder seine Reaktion verurteilen, und machen Vorschläge, wie sie ihm helfen könnten.

Bedrohliches Gedränge

Hier spüren die Kinder, wie unangenehm Aggression und Bedrohung wirken. Das Spiel eignet sich auch für furchtsame Naturen, die mit ihrer Angst umgehen lernen. Ein Freiwilliger stellt sich in die Kreismitte. Die Gruppe bewegt sich schweigend auf ihn zu, so daß der Kreis sich immer enger um ihn zusammenzieht. Bei älteren Kindern können die Angreifer bedrohliche Gesten machen und Laute ausstoßen. Besprechen Sie in der Gruppe die Gefühle, die der Bedrohte empfand.

Spiele zum Grenzen erfahren

Grenzen können auch Sicherheit geben. Manche Kinder begreifen dies schneller im Spiel als durch ein Gespräch. Wo können Sie spielerisch Grenzen setzen? Die beiden folgenden Spiele bieten Möglichkeiten dazu.

Nichts berühren:

Bauen Sie aus Keulen, Stühlen, Papierkörben und Tischen eine Hindernisstrecke. Diese müssen die Kinder überwinden, ohne irgendwo anzustoßen oder etwas umzuwerfen. Sie sollen dabei möglichst schnell und möglichst leise sein. Natürlich können die Hindernisse auch so eng aufgestellt werden, daß man äußerst vorsichtig durchgehen muß.

Der reißende Fluß:

Eine weitere Übung ist das Balancieren. Sie können Seile oder Holzreifen auf den Boden legen oder einen Strich aufzeichnen. Die Kinder sollen nun als Seiltänzer über diese Hochseile laufen. Man kann das Spiel in eine Geschichte einbinden, dann macht es noch mehr Spaß. „Ihr lauft auf ganz schmalen Stegen über einen reißenden Fluß. Wer daneben tritt, wird naß."

So bin ich, so seid ihr

Die folgenden Spiele zeigen Kindern, wie sie sich anderen freundlich und respektvoll zuwenden können. Sie erfahren, wie sie auf andere wirken, und lernen die anderen besser kennen. Diese Spiele sind daher auch geeignet, das Vertrauen in der Gruppe zu stärken und Spannungen abzubauen.

Ich weiß, wer du bist:

Erzählen Sie den Kindern, daß Sie neugierig sind, ob sie sich auch mit geschlossenen Augen erkennen würden. Sie sollen das in einem Spiel probieren. Lassen Sie die Kinder einen inneren und einen äußeren Kreis bilden. Jeder Kreis besteht aus gleich vielen Kindern, die sich gegenüberstehen. Alle Kinder verbinden sich mit einem Tuch die Augen und fassen sich an den Händen. Dann drehen sich die beiden Kreise in entgegengesetzten Richtungen. Wenn Sie mit einem Gong oder einer Klingel ein Zeichen geben, bleiben die Kinder stehen. Nun müssen die Kinder erraten, wer ihnen gegenübersteht. Sie dürfen nur „Tüt" sagen und das Gesicht des anderen befühlen. Wenn sich die Kinder erkannt haben, können sie die Augenbinde abnehmen. Sie setzen sich auf den Boden und erzählen, woran sie ihren Partner erkannt haben.

Wer wird gesucht?

Dies ist ein Spiel, in welchem Kinder andere beschreiben, ohne etwas Abfälliges oder Gemeines sagen zu dürfen. Erklären Sie den Kindern, daß Sie sich ein Suchspiel überlegt haben. Sie flüstern einem Kind den Namen eines anderen ins Ohr. Nun muß es die positiven Eigenschaften dieses Kindes aufzählen. Bei kleineren Kindern sollten Sie vorher besprechen, was man alles beschreiben kann: das Aussehen, Lieblingsbeschäftigungen, besondere Merkmale und Verhaltensweisen. Die Gruppe muß dann das gesuchte Kind erraten.

Sich wehren, aber wie?

Auch die Gruppe hat Rechte

Streiten will gelernt sein. Dies gilt nicht nur für die Wutkinder, die sich ihre aggressiven Konfliktlösungen abgewöhnen müssen. Auch die zurückhaltenden und sanften Kinder müssen lernen, sich durchzusetzen und ihre Ansprüche geltend zu machen. Sie müssen ermutigt werden, auch über unangenehme Dinge zu sprechen und ihre Wünsche offen zu äußern. Nur so sind sie in der Lage, für ihre Rechte gegenüber anderen einzustehen und den ungehemmteren Mitmenschen klare Grenzen zu setzen.

Doch und Nein

In diesem Spiel dürfen auch leise Kinder einmal laut werden. Sie spüren, wie wirksam die Stimme für die Selbstbehauptung sein kann. Immer zwei Kinder stehen sich gegenüber. Abwechselnd sagt das eine, zuerst leise und dann immer lauter werdend, „Nein", und das andere antwortet „Doch!" Das Wortgefecht dauert so lange, bis es einem der Kinder zu laut wird oder Sie ein Stopp-Zeichen geben. Dann werden die Rollen vertauscht.

Was mir nicht paßt

Hier können Kinder ihren Ärger offen aussprechen. Alle Kinder sitzen im Kreis um ein rotes Tuch oder einen Ball herum. Wer den Gegenstand aufnimmt, darf sagen, was ihn stört oder nervt: „Mich ärgert, daß die Jungs immer die Mädchen ärgern" oder „Mich ärgert, daß heute wieder schlechtes Wetter ist."

Sprechen Sie anschließend mit den Kindern darüber, wie sie sich gefühlt haben: Hat es gutgetan, seinen ganzen Frust loszuwerden? War es eher unangenehm, allen seine Verärgerung offen zu zeigen?

Was mir an dir nicht paßt

Mit großem Feingefühl muß eine Variante dieses Spiels eingesetzt werden. Die Gruppe sollte sich gut kennen und mögen. Die Kinder dürfen jetzt den anderen direkt sagen, was sie an ihrem Verhalten stört, ohne daß der Angesprochene darauf antworten darf: „Anke, mich ärgert an dir, daß du nie mit mir spielen willst" oder „Christian, mich hat geärgert, daß du mir nicht im Streit mit Wolfgang geholfen hast."
Wenn sich alle ausgesprochen haben, fragen Sie wieder nach den Empfindungen bei dieser Übung.
In einer zweiten Runde dürfen sich die angegriffenen Kinder ausführlich rechtfertigen. Gemeinsam kann die Gruppe dann nach Lösungsmöglichkeiten für die Auseinandersetzung suchen.

Einmal König sein

In diesem Spiel können Kinder einmal die Führungsrolle übernehmen. Ein Kind darf König sein, dem die anderen gehorchen müssen. Natürlich darf der König nichts verlangen, was verletzen oder demütigen könnte. Sprechen Sie anschließend darüber, wie schwer es war, andere herumzukommandieren oder jemand bedienen zu müssen.

Immer **Ärger** mit der **Gruppe**

Wenn es unter Kindern **brodelt**

Kleinen Streithähnen fällt es in der Regel schwer, sich in eine Gruppe einzufügen. Immer wieder passiert es, daß zornige Kinder die ganze Gruppe anstecken. Sie suchen unter den anderen Kindern nach Verbündeten, sorgen für Unruhe oder schaukeln sich gegenseitig in ihrer aggressiven Stimmung hoch.

Im ersten Kapitel haben Sie erfahren, wie Sie auf die Wut einzelner Kinder reagieren können. Hier war es möglich, von einzelnen Wuttypen auszugehen und auf diese auch in Einzelgesprächen einzugehen.

In einer wütenden Gruppe vermischen sich diese Typen, und Sie stehen in der Situation, auf mehrere Kinder gleichzeitig einwirken zu müssen. In solchen Momenten ist es wichtig, die ganze Gruppe auf den Weg zur friedlichen Konfliktlösung und fairen Auseinandersetzung zu führen. Nicht nur, weil Sie in Ihrer Einrichtung in einer entspannten Atmosphäre wesentlich besser und streßfreier mit den Kindern arbeiten können. Sie schützen auch die Außenseiter, Schwächeren und Schüchternen, die oft am meisten unter den wilden und unbeherrschten Streitattacken rauflustiger Gruppenmitglieder leiden. Und Sie können den Zornigeln und Streithähnen zeigen, wie sie ihre aggressiven Impulse konstruktiv in der Gruppe einbringen können.

Deshalb finden Sie in diesem Kapitel zunächst eine Reihe von Spielen und Anregungen, die Sie während und kurze Zeit nach einer Auseinandersetzung einsetzen können. Außerdem haben wir eine Reihe von Ideen zusammengetragen, die für Sie in besonders angespannten Situationen wie dem Montagmorgen, dem gemeinsamen Essen oder bei schlechtem Wetter eine Hilfe sein können.

HAUEN VERBOTEN!

1. Es ist verboten zu beißen, zu kratzen, an den Haaren zu ziehen, zu spucken und zu hauen.
2. Schwächeren muß geholfen werden.
3. Andere dürfen nicht ausgegrenzt werden.
4. Es ist nicht erlaubt, anderen Angst zu machen oder sie einzuschüchtern.
5. Wer absichtlich etwas kaputtmacht, muß den Schaden ersetzen.

Keine falsche Harmonie

Wenn Kinder gut miteinander auskommen sollen, bedeutet dies nicht, daß sie Konflikten aus dem Weg gehen und Ansprüche zurückstecken. Sie müssen vielmehr lernen, in der Gemeinschaft ihre eigenen Interessen und sogar ihre „wilden" Gefühle einzubringen, ohne anderen dabei zu schaden.

Davon kann die ganze Gruppe profitieren. Denn Wut und Zorn führen nur dann zu Gewalt und Zerstörung, wenn sie unkontrolliert ausgelebt werden. Als Unmutsäußerungen können sie dagegen eine lebendige Auseinandersetzung und damit Veränderungen bewirken.

Interaktions- und Rollenspiele sind eine gute Möglichkeit, die konstruktive Bewältigung von Wut und Aggression zu üben. Kinder erfahren dabei wichtige Verhaltensweisen und Umgangsregeln, nehmen ihre Gefühle bewußter wahr und leben seelische Stimmungen aus, schlüpfen in fremde Rollen und lernen sich und andere dadurch besser kennen.

Ein wesentlicher Teil der Interaktionsspiele ist das gemeinsame Gespräch. Kinder brauchen genügend Zeit, um die Aufgaben in ihrem Tempo zu lösen, und sie müssen genügend Gelegenheit bekommen, über ihre Erfahrungen und Erlebnisse in den Spielen zu reden.

Und noch etwas: Zwingen Sie ein Kind niemals zum Mitmachen. Manche Kinder müssen zuerst Vertrauen zur Gruppe fassen, bevor sie ihre Gefühle offen und ehrlich den anderen mitteilen können.

Regeln, die helfen und schützen

- Lassen Sie die Kinder spüren, daß alle Gefühle, gute und schlechte, zugelassen sind.
- Stellen Sie jedoch auch klar, daß nicht jedes Verhalten erlaubt ist.
- Erarbeiten Sie gemeinsam mit den Kindern Spielregeln für den Umgang mit anderen.
- Sorgen Sie konsequent dafür, daß diese Regeln dann auch eingehalten werden.
- Fragen Sie die Kinder, wo Grenzen erreicht sind und was passieren soll, wenn sich jemand nicht an die Regeln hält.
- Begründen Sie auch, warum Regeln den Einzelnen schützen und für das Zusammenleben dringend notwendig sind.
- Schreiben Sie die Regeln groß auf ein Plakat und lesen Sie sie noch einmal vor. Vergewissern Sie sich, daß alle Kinder die Regeln verstanden haben und akzeptieren.
- Für Kinder, die noch nicht lesen können, sollten Sie Symbole für die Regeln erfinden.
- Hängen Sie dann die Tafeln gut sichtbar auf.

Wut laß nach

Hilfe für die ganze Gruppe

Wenn Kinder ständig aneinander geraten, ist eine Aussprache zwar notwendig, aber in Akutsituationen oft nicht möglich. Die Kinder müssen zunächst erst einmal die Gelegenheit haben, Dampf abzulassen. Die folgenden Spiele können Sie einsetzen, wenn sich die Kinder gerade streiten oder gestritten haben.

Dampf ablassen mit La Ola

Machen Sie mit den Kindern eine La-Ola-Welle wie im Fußballstadion: Alle fassen sich an den Händen. Das erste Kind reißt beide Arme nach oben, das zweite folgt mit etwas Verzögerung, dann das dritte und so weiter die ganze Reihe hindurch bis zum letzten Kind. Jeder darf laut schreien, wenn er an der Reihe ist.

Durchstarten

Auch ein Raketenstart hilft, Spannungen abzubauen. Die Kinder stellen sich im Kreis auf. Alle schlagen sich erst leise, dann immer lauter auf die Schenkel. Gleichzeitig trampeln sie immer stärker auf den Boden und ahmen das langsam anschwellende Zischen und Donnern einer startenden Rakete nach. Wenn alle so laut trampeln, schreien und klopfen wie sie können, werfen sie die Arme mit einem lauten Schrei nach oben.

Streß abzappeln

Alle Kinder legen sich mit genügend Abstand zu den Nachbarn auf den Rücken und zappeln wie hilflose Käfer immer stärker mit Armen und Beinen. Die Übung kann man auch im Stehen machen. Dann könnten die Kinder beispielsweise Diskotheken-Besucher imitieren, die wild zu einer unhörbaren Musik tanzen. Der Rhythmus kann allmählich langsamer werden.

Sackhüpfen

Sackhüpfen, Tauziehen oder Dosenwerfen lösen Spannungen und verschaffen den Kindern Abstand zum vorausgegangenen Streit. Sie können auch einen Wettkampf mit Mannschaften und mehreren Disziplinen veranstalten.

Abbremsen durch Zeitlupe

Lassen Sie die Kinder in Zeitlupe durch den Raum gehen. Sie können auch Spielszenen vorgeben. Die Kinder können Passanten und Autofahrer in einer Straße darstellen, Cowboys in einem Western sein oder Artisten in einer Manege.

Den Zornbitzel anziehen

Wenn zwei Gruppen häufig miteinander streiten, dann dürfen sie es sich auch mal im Spiel schwer machen. Lassen Sie die Kinder paarweise gegeneinander spielen. Immer ein Streithahn muß einem Zornbitzel, der auf dem Boden liegt, Schuhe, Jacke, Mütze, Handschuhe und Strümpfe anziehen. Der Zornbitzel aber zappelt die ganze Zeit herum. Schafft man es, ohne ihn festzuhalten? Wer gibt als erster auf – oder können beide bald vor Lachen nicht mehr?

Sumo-Kampf und Po-Duell

Zwei Zornigel stellen sich in einem Kreis mit verschränkten Armen gegenüber, spreizen die Beine und gehen in die Knie. Jetzt muß jeder versuchen, den anderen mit den Schultern aus dem Kreis zu drängen. Die beiden Kontrahenten können sich auch Rücken an Rücken stellen und müssen nun versuchen, den Gegner mit dem Hintern aus dem Kreis zu drücken.

Tauziehen

Man kann auch ganze Gruppen gegeneinander antreten lassen. Beim klassischen Tauzichen müssen zwei Parteien versuchen, die gegnerische Mannschaft mit einem Seil über eine Linie zu ziehen. Zwei Gruppen können sich auch entlang einer Linie Hand in Hand gegenüber aufstellen. Dann muß jede Gruppe versuchen, in möglichst breiter Front das gegnerische Feld zu erobern.

Zielwerfen

Stellen Sie einen leichten Gegenstand auf einen Tisch. Die Kinder müssen nun versuchen, ihn mit zusammengeknülltem Zeitungspapier oder Softbällen umzuwerfen. Eventuell kann ein Kind auch Verteidiger spielen. Es muß versuchen, die Wurfgeschosse abzuwehren.

Wie Streithähne
ins Gespräch kommen
Konfliktlösung am Verhandlungstisch

Nach den Spielen ist es Zeit, den Konflikt zu besprechen. Denn die Regelung eines Streites sollten Sie nie unnötig lang hinausschieben, damit Auslöser und Anlaß des Ärgers noch präsent sind.

Bringen Sie die Kinder zum Beispiel an einen symbolischen „Verhandlungstisch". Spielerische Rituale, die den Kindern vertraut sind und ihnen eine bestimmte Situation signalisieren, erleichtern den Einstieg in das Gespräch. Halten Sie etwa ein „Pow-Wow" wie bei den Indianern ab, indem Sie eine Decke auf den Boden legen, um oder auf die sich die Kinder setzen. Oder versammeln Sie die Kinder auf einer Friedensinsel „Paxfax", auf der jeder seine Meinung offen sagen darf. Wo immer sich die Gesprächsteilnehmer zuammenfinden, stets gilt die Regel: Es spricht nur einer! Machen Sie den Kindern auch bewußt, daß es nicht darum geht, einen Sündenbock zu finden, sondern daß es um die Lösung eines Problems geht.

Wenn Kinder nicht reden möchten – Die Vertrauenspuppe hilft

Wenn die Kinder Schwierigkeiten haben, über ihren Ärger und ihre Sorgen zu sprechen, kann die Vertrauenspuppe helfen. Erzählen Sie die Geschichte von Bonnie aus dem Puppenland: „Bonnie geht wie ihr in den Kindergarten (oder die Schule) und hat ein paar Freundinnen und Freunde hier ..."

Der Fortgang der Geschichte hängt von der Gruppenkonstellation und dem aktuellen Anlaß für die Erzählung ab. Fällt es einem Kind schwer, seine Trauer mitzuteilen, ist Bonnie traurig. Ist ein Kind wütend und will das nicht vor der Gruppe sagen, ist auch die Puppe wütend. Setzen Sie Bonnie anschließend in die Mitte. Jetzt dürfen ihr die Kinder Geschichten von ihren Sorgen und Ärgernissen erzählen. Da sie dabei nicht im Mittelpunkt stehen und nicht befürchten müssen, sich zu blamieren, können sie sich leichter äußern. Sie können Bonnie auch um Rat fragen. Bonnie flüstert ihre Antwort dann der Erzieherin ins Ohr, die es dem Kind leise weitererzählt.

Malspiele – den Ärger malen

Wenn sich Kinder beschweren, daß sie von anderen Rowdies geärgert werden, können sie ihr Anliegen in einem Bild ausdrücken. Die Kinder malen mit Wasserfarben, Malkreide oder Buntstiften, warum und wie sie sich bedroht fühlen, was sie dabei ängstigt und stört. Auch Bilder aus alten Zeitschriften, aus denen die Kinder eine Collage gestalten und vielleicht noch etwas dazumalen, eignen sich zur Darstellung momentaner Stimmungen.

Anschließend wird das Bild – möglicherweise auch in einer gemeinsamen Kinderkonferenz – allen anderen gezeigt. Wichtig ist hier das gemeinsame Gespräch.

Damit sich Kinder wieder verstehen

Kennenlern- und Wahrnehmungsübungen

Streit und Hänseleien entstehen oft aus Vorurteilen, vorschneller Ablehnung und Unverständnis der anderen Spielkameraden oder Mitschüler. Opfer sind dann die schwachen und ängstlichen Kinder, die von den anderen gehänselt und ausgeschlossen sind. Der Wunsch, zu einer Gruppe zu gehören, führt dazu, daß sich auch ansonsten zurückhaltende Naturen den Wortführern anschließen und zu Unruhestiftern werden. Kindern ist bisweilen nicht bewußt, wie sich jemand fühlt, der seelisch und körperlich mißhandelt wird. Gerade nach einem Streit sind deshalb Kennenlern- und Wahrnehmungsübungen wichtig, in denen Kinder erfahren, wie sie auf andere wirken und was andere empfinden.

Apfelgesichter

Besorgen Sie, je nach Jahreszeit, einen Korb Äpfel oder Kartoffeln. Jedes Kind nimmt sich eine Frucht und untersucht sie genau. Anschließend erzählt es kurz etwas darüber: Wie sieht meine Kartoffel aus? Wie riecht sie? Was fällt besonders auf? Wie unterscheidet sie sich von den anderen? Die Früchte werden dann wieder in den Korb zurückgelegt. Jetzt muß jeder seine Frucht wiederfinden. Woran hat er sie erkannt?

Jeder ist anders

Die vorherige Übung kann als Einstieg in die Überlegungen verwendet werden, worin sich die Menschen unterscheiden. Warum sind sie verschieden? Was wäre, wenn alle Menschen gleich wären? Sehen die Menschen nur anders aus, oder verhalten sie sich auch anders? Wer kennt Beispiele?

Personenraten

Wenn die Kinder schon lesen und schreiben können, werden auf kleine Zettel die Namen aller Gruppenmitglieder geschrieben. Jedes Kind zieht einen der Zettel. Es muß nun auf einem Blatt Papier das Aussehen, die Eigenschaften und die Vorlieben der Person beschreiben, deren Namen es gezogen hat. Anschließend werden die Blätter eingesammelt und vorgelesen. Alle müssen nun raten, wer gemeint ist. Ist die Person gut getroffen? Welche besonderen Merkmale fehlen? Wie bewerten die Beschriebenen selbst ihr Porträt?

Was mich wütend macht

Alle sitzen im Kreis. Ein Kind überlegt, was es wütend macht, und soll dies ohne Worte beschreiben. Die Mitspieler müssen raten, um welche Situation es sich handelt. Die Kinder können auch andere Gefühle darstellen: Was mich fröhlich oder was mich traurig macht. Nach jeder Vorstellung können Sie mit den Kindern darüber sprechen, ob sie ähnliche Empfindungen kennen, ob sie in der beschriebenen Situation anders reagieren, ob sie sich in den Darsteller hineinversetzen konnten.

Fotogalerie

Mit diesem Trick können Sie die Zusammengehörigkeit einer Gruppe bewußt machen. Fotografieren Sie regelmäßig die Gruppe und sammeln Sie die Fotos gut sichtbar auf einer Tafel. Sprechen Sie mit den Kindern, wie sich das Aussehen einzelner und ob sich in der Gruppe etwas verändert hat.

35

Damit Gruppen Frieden schließen

Das Gemeinschaftsgefühl stärken

Zugehörigkeit entwickeln

In Gruppen treffen zwangsläufig unterschiedliche Meinungen und Ansichten aufeinander. Streit scheint damit vorgegeben. Kinder mit ausgeprägtem Selbstwertgefühl und Gruppenbewußtsein sind leichter in der Lage, Beziehungen mit anderen aufzunehmen und Streitigkeiten zu schlichten. Gemeinsame Interaktionsspiele und kooperative Gruppenübungen können diese Fähigkeiten fördern. Im Spiel entdecken Kinder Ähnlichkeiten zwischen sich und den anderen und erfahren so ein Gefühl der Nähe und Vertrautheit. Aggressionen werden abgebaut, da das Zusammengehörigkeitsgefühl gestärkt und das soziale Klima in der Gruppe verbessert wird.

Ziel dieser Übungen ist nicht nur, bei den Steithähnen Verständnis für andere zu wecken, indem sie ihre Gefühle gegenüber anderen kennenlernen und überdenken. Sie erfahren dadurch zudem, wie sich ihr Verhalten auswirkt und wahrgenommen wird. Auch den Opfern, die häufig von einer Gruppe geärgert werden, nützen Spiele mit klärenden Aussprachen. Sie brauchen sehr viel Kraft und Mut, um sich allein gegen die Angriffe der anderen zu wehren. Wenn die Vorfälle mit allen Beteiligten besprochen werden, haben sie eine gute Gelegenheit, ihre Probleme und Sorgen loszuwerden.

Gemeinsam im Kreis

Auch Reime und Lieder wirken gemeinschaftsbildend. Beim gemeinsamen Singen, Rezitieren oder Musizieren sollten feste Rituale und Gewohnheiten eingehalten werden. Achten Sie etwa darauf, daß die Kinder immer einen Kreis bilden und sich vielleicht sogar an den Händen halten. Der Kreis ist das Zeichen für die Zusammengehörigkeit, für etwas in sich Geschlossenes und Vollkommenes. Kein Kind fühlt sich ausgeschlossen, weil es ganz vorne oder hinten steht. Der Kreis schließt alle ein und schützt sie nach außen.

Alle gemeinsam – Ein Fingerspiel

Gib acht und merk:
Nicht jeder einsam,
sondern alle gemeinsam
gehen ans Werk!

Das ist der Kleine, kann gar nichts alleine.
Der trägt den Ring, das blitzende Ding.
Genau in der Mitte, steht immer der Dritte.
Dem ist es zu eigen, uns etwas zu zeigen.
Auf allen Vieren, kann man munter maschieren.
Man kann mit vier flinken Fingern auch winken.
Doch das Tragen und Fassen, wird man lieber noch lassen.
Wer wohl verschafft allen erst die Kraft?

Wollknäuel

Ein Spiel, das alle Teilnehmer einbezieht, ist das Wollknäuel-Spiel. Ein Kind nennt erst seinen Namen und dann den eines anderen Kindes, wobei es diesem einen Wollknäuel zuwirft: „Ich heiße Anke und werfe das Knäuel zu Tobias!" Sind einzelne Namen noch nicht so geläufig, können die Fänger ihre Namen auch selbst sagen und sich dann kurz vorstellen. Wird das Wollknäuel weitergeworfen, hält der Werfer den Faden fest. Mit der Zeit ist die Gruppe so mit einem Fadengewirr wie in einem Spinnennetz untereinander verwoben. Bei größeren Kindern kann das Spiel erschwert werden, indem wiederholt werden muß, über welche Stationen das Knäuel weitergereicht wurde: „Ich heiße Anke und habe das Wollknäuel von Michael erhalten. Der hat es von Tabea und die von Sabine."

Den Knoten lösen

Die Kinder stehen eng beieinander. Jedes ergreift willkürlich irgendeine Hand, die es zufällig zu fassen kriegt. Nun müssen alle gemeinsam versuchen, das wirre Menschenknäuel aufzulösen, ohne daß eine Hand losgelassen wird.
Wie lange hat es gedauert? Gab es Tricks? Wie haben wir zusammengearbeitet?

Denkmäler

Ziel der Spiele ist es, in der Gruppe verschiedene Aufgaben zu lösen:

Schwerelos im All:

Alle sollen mit möglichst wenig Körperteilen den Boden berühren und in dieser Stellung einige Sekunden verharren.

Platz sparen:

Die Gruppe darf keinen Platz verschwenden. Alle rücken ganz nah zusammen. Um die Füße wird mit Kreide die Fläche markiert.

Schönes Denkmal:

Die Kinder müssen ein Gruppendenkmal bauen. Dabei können Auflagen gemacht werden: Alle Hände müssen den Boden berühren, nur ein Fuß darf den Boden berühren ...
Fragen, die nach allen drei Spielen gestellt werden können: Wer war unten, wer oben? Wer hat gute Vorschläge gemacht?

37

Gruppengeschichten für die Großen

Auch lustige Gruppengeschichten oder Gruppenbilder können das Gemeinschaftsgefühl stärken und Unstimmigkeiten abbauen. Bei den Gruppengeschichten ist die Größe der Gruppe egal. Jedes Kind nimmt ein großes Blatt und schreibt den ersten Satz einer Geschichte. Dann gibt es das Papier weiter, und das nächste setzt die Geschichte fort. Vor jeder Weitergabe wird das Blatt so gefaltet, daß jeder nur lesen kann, was sein Vorgänger geschrieben hat. Zum Schluß wird die Gruppengeschichte vorgelesen.

Gruppenbilder für die Kleinen

Kleine Kinder können Gruppenbilder malen. Jedes Kind nimmt sich ein Zeichenblatt und beginnt zu malen. Nach einer vereinbarten Zeit wird die Zeichnung an das Nachbarkind weitergegeben. Nun fügen alle Kinder etwas hinzu, was zu dem Vorhergehenden paßt. Dann wird das Bild wieder weitergegeben, bis jedes Kind auf jedem Bild etwas gemalt hat. Gruppengeschichten tun der Gemeinschaft gut, weil sie zum Lachen anregen und aufheitern. Gruppenbilder dagegen sind Gemeinschaftsproduktionen, die eher die Zusammengehörigkeit und das gemeinschaftliche Arbeiten fördern.
Fragen zu den Gemeinschaftsproduktionen: War es schwierig, etwas zu malen oder zu schreiben? Passen die einzelnen Teile zusammen? Was bedeuten die Details?

Viele Hände erreichen viel

Besorgen Sie Gipsbinden und formen Sie mit den Kindern lauter Gipshände. Es entstehen kleine und große Hände, die an einen Zweig oder eine Zimmerpflanze gehängt werden und die Gruppe symbolisch darstellen.
„Schaut mal unsere Hände an, das sind wir. Erkennt ihr eure eigene Hand wieder? Gemeinsam können unsere Hände viele schöne Dinge tun."

Wir gehen gemeinsam

Den gemeinsamen Weg können Sie Kindern auf einem Stück Tapetenrolle sichtbar machen. Zeichnen Sie darauf eine Straße oder einen Fußpfad. Die Kinder dürfen sich nun die Fußsohlen mit Farben anmalen und auf dieser Straße spazierengehen. Zum Schluß kann die gemeinsam begangene Straße aufgehängt werden.

Wir sind eine Gruppe

Aus Scrabble-Steinen – man kann auch Buchstaben auf buntes Papier schreiben oder kopieren – werden die Namen wie in einem Kreuzworträtsel zusammengesetzt und auf einem Plakat aufgeklebt. Dabei gibt es viele Varianten, da jeder Name an verschiedenen Stellen eingesetzt werden kann. Irgendwo passen eben alle irgendwie zusammen!

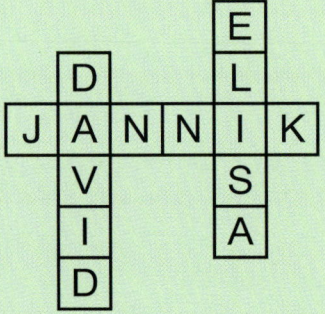

Friedenszeichen

Wenn sich Indianer treffen, begrüßen und verabschieden sie sich mit einem Zeichen des Friedens. Wollen wir untereinander auch, wie Winnetou und seine Freunde, Friedenszeichen verwenden? Erfinden Sie mit den Kindern eigene Friedenszeichen. Solche Gesten können sie auch einsetzen, wenn sie sich entschuldigen möchten oder sich nicht streiten wollen. Überlegen Sie mit der Gruppe, wie man noch Frieden schließen kann.

Das Kinderparlament

Gemeinsame Regeln geben Halt

Der Gong läutet die Kinderkonferenz ein. Abwechselnd darf immer ein anderes Kind den Gong läuten und die Konferenz eröffnen. Anstatt des Gongs kann auch ein neues Ritual überlegt werden. Wichtig ist, daß die Kinder es kennen und wissen, daß sie sich im Kreis zuammensetzen sollen. Rituale erleichtern den Ablauf.

Kindergesprächskreise sollten jeden Morgen stattfinden, auch wenn es kein Problem zu besprechen gibt. Die Kinder können in den täglichen Besprechungen selbst bestimmen, was sie sagen möchten. Nach „Wer will etwas sagen?" ist die Rednerliste festgelegt. Zur Erleichterung der Gesprächsregeln können Sie einen Rednerball oder Rednerstab einführen. Reden darf nur, wer ihn in der Hand hält.

Die Gesprächsregeln werden bei der ersten Sitzung ausgehandelt, müssen aber von Zeit zu Zeit wieder besprochen werden, spätestens, wenn neue Kinder in die Gruppe kommen.

Die Kinderkonferenz kann gleichzeitig Kinderparlament sein, das heißt, sie legt die Regeln für alle fest – und bestimmt auch die Konsequenzen. Sie kündigen das Thema an und fordern die Kinder auf, gemeinsam Regeln und Konsequenzen festzusetzen. Ihre Aufgabe ist es auch, darauf zu achten, daß schüchterne Kinder zu Wort kommen und sich einbringen. Wenn alle Kinder gemeinsam die Regeln bestimmen, werden diese eher akzeptiert und auch eingehalten.

Die Wochenkonferenz

Am Freitag, nach dem gemeinsamen Mittagessen, kann noch einmal eine Kinderkonferenz stattfinden, in der die Woche überdacht wird:

- Wie hat es diese Woche geklappt?
- Wie haben wir unsere Regeln eingehalten?
- Gab es große Probleme?
- Was waren die Ursachen?

In ein Heft kann in einzelne Spalten eingetragen werden:

- Das hat mir gut gefallen.
- Das hat mir nicht gefallen.
- Meine Wünsche für die nächste Woche.

Am Montagmorgen werden die Eintragungen vorgelesen. Auf Antrag können auch neue Beschlüsse gefaßt werden wie

- Wer muß wann welche Spielsachen aufräumen?
- Wer darf wie lange in den Tobe-Raum?
- Was tun wir, wenn ein Kind nicht aufhört zu schlagen?

Wenn Kinderparlamente einen festen Platz im Wochenablauf haben, wird es den Kindern bald leichter fallen, ihre Meinung zu sagen. Sie wissen, daß sie an diesem Tag ihre Sorgen loswerden können. Sie erfahren, daß sie ernstgenommen werden.

39

Dem Montagsfrust begegnen

Sanfte Übergänge schaffen

Geborgenheit

„Hast du den Film gesehen? Der war richtig brutal. Wromm, ist der dem Gangster hinterher und hat geballert, so: Peng, boing. Dann die Schlägerei, wo dem die Nase geblutet hat ..." Am Montagmorgen sind viele Kinder mit ihren Gedanken noch ganz bei den Erlebnissen vom Wochenende. Sie wollen ihre Eindrücke loswerden und würden am liebsten den ganzen Tag davon erzählen. Vor allem ängstliche oder aggressive Kinder brauchen dann eine ganze Weile, um sich wieder auf den Kindergarten oder den Unterricht einzustellen. Geben Sie ihnen dazu Gelegenheit und lassen Sie ihnen Zeit, vom Wochenende zu berichten. Was haben sie erlebt, was haben sie mit ihrer Familie unternommen, welche Filme haben sie im Fernsehen gesehen? Durch den Bericht in der Kleingruppe oder in der großen Runde wird das Wochenende verabschiedet. Häufig werden die Erlebnisse leichter verarbeitet, wenn sich die Kinder damit aktiv auseinandersetzen. Lassen Sie die Gruppe beispielsweise einzelne Situationen oder Szenen aus Fernsehsendungen unter der Regie eines Kindes nachspielen. Stellen Sie dafür Verkleidungen und Rollenspielmaterial zur Verfügung.Oder lassen Sie die Kinder alleine oder gemeinsam malen, was sie noch beschäftigt.

Wut zertrampeln

Wer noch über ein Erlebnis sauer ist, kann seinen Ärger zertrampeln. Damit die Wut wirkungsvoll vernichtet wird, sollte die ganze Gruppe mitmachen: „Denkt an das, was euch am Wochenende geärgert hat. Nehmt jetzt den Ärger und schmeißt ihn zusammen auf einen großen Haufen. Nun könnt ihr alle darauf herumtrampeln, bis er völlig in den Boden gestampft ist."

Der Wutkorb

Bitten Sie zwei oder drei Kinder, mit Ihnen den Wutkorb hereinzuholen. Es muß kein echter Korb sein. Es reicht, wenn Sie so tun, als würden Sie einen riesigen Korb tragen. Alle stellen sich im Kreis um den Korb und fassen sich an den Händen. Jetzt darf jeder reihum sagen, was ihn geärgert hat. Gemeinsam gehen alle einen Schritt nach vorne und schmeißen das Ärgernis in den Korb, indem sie rufen: „Wir werfen den geplatzten Reifen in den Wutkorb." Haben alle ihre Wut abgelegt, wird der jetzt äußerst schwere Korb mit großer Mühe unter Ächzen und Stöhnen vor die Türe getragen und dort ausgeleert.

Die Montagskonferenz

Ist nun auch das letzte bißchen Wut draußen, setzen Sie sich mit den Kindern zum täglichen Morgenkreis zusammen. Wie an jedem Tag wird die Versammlung mit einem Gong oder einem anderen Signal angekündigt. Fragen Sie die Kinder, ob sie das Wochenende abgeschlossen haben und ob sie gemeinsam mit Ihnen in die neue Woche wollen. Besprechen Sie mit den Kindern die kommende Woche und, wie an jedem Morgen, den aktuellen Tag.

Ein ruhiger Start

Verschaffen Sie den Kindern einen ruhigen Start in die Woche. Für viele Kinder ist es beruhigend, wenn man ihnen regelmäßig Orientierungspunkte in Zeit und Raum gibt.
Zeigen Sie deshalb immer am Montag den Jahreskalender: „Heute beginnt die zweite Maiwoche. Wir haben noch Frühling. Für die nächsten Tage hat der Wetterbericht zuerst schönes Wetter, dann etwas Regen gemeldet. Wir können ja mal prüfen, ob das stimmt. Wer hat sich für heute schon etwas überlegt?"
Überlegen Sie gemeinsam mit den Kindern, was sie an diesem Tag machen können. Erklären Sie, was Sie zu tun haben, und fragen Sie, ob noch jemand etwas sagen möchte. Wenn sich niemand meldet, ist die Morgenbesprechung beendet.

Montagsrituale:
Spiele, Geschichten oder Lieder

Im Anschluß an die Morgenbesprechung kann ein gemeinsames Kreisspiel durchgeführt werden. So findet jedes Kind Anschluß an die Gruppe.
Sie können aber auch eine Geschichte vorlesen, gemeinsam ein Lied singen und sich mit den Kindern unterhalten. Die Kinder können sich wieder auf die anderen einlassen und spüren, daß sie zusammengehören.

Eine Blume erwacht

Beenden Sie den Montagskreis mit einem festen Ritual. Die Kinder stehen auf und halten sich an den Händen. Alle strecken die Hände nach oben und gehen gemeinsam in die Mitte, bis alle ganz eng stehen und die Hände sich oben fast berühren. Sie beugen sich mit den Armen über dem Kopf leicht nach vorne. Nun öffnen sie sich wieder für die neue Woche, wie eine Blume, die am Morgen erwacht.
Wenn alle wieder an ihrem alten Platz stehen, kann man sich eine schöne Woche wünschen.

Morgenmuffelspiel

Die Kinder legen den Kopf auf ihre Hände und stellen sich schlafend. Dann:
Wir sind noch so müde, man hat uns geweckt, gähn-gähn, gähn-gähn.
Jetzt wird sich noch einmal so richtig gestreckt, streck-streck, streck-streck.
Und nun stehn wir auf und wir atmen tief durch.
Die Arme, die werfen wir hoch in die Luft.
Nun bin ich endlich wach, nun bin ich endlich wach.
Am Anfang sprechen die Kinder den ersten Satz. Beim zweiten Satz recken und strecken sie sich ausgiebig. Dann stehen sie langsam auf und heben die Arme beim Einatmen nach oben. Beim letzten Satz hüpfen sie fröhlich auf ihrem Platz herum.

Die Indianer kommen

Lauter kleine Indianer schleichen leise durch den Raum. Es ist noch früher Morgen. Sie machen keine Geräusche, obwohl sie über die Stühle klettern und von Felsen herabspringen. Sie kriechen unter Tischen und Stühlen hindurch. Doch dann gibt der Häuptling ein Zeichen, und mit wildem Geschrei stürmen sie durch das Zimmer. „Wir sind da, hurra, hurra!" Alle werfen ihre Arme in die Höhe und vollführen einen Indianertanz.

Schlechtes Wetter –
Gute Stimmung

Trotzdem-Spiele

Regentage gelten als Miese-Laune-Tage. Das schlechte Wetter drückt allen auf die Stimmung, und dann findet der Bewegungsdrang der Kinder kein Ventil, da sie nicht raus dürfen. Aber es ist nur eine Frage der Kleidung, ob Kinder auch bei Kälte und Nässe draußen spielen können. Der Aufenthalt im Freien hat zudem zu jeder Jahreszeit seinen besonderen Reiz: Kinder spüren Kälte und Hitze. Sie lernen, sich durch Bewegung und passende Kleidung davor zu schützen. Sie erfahren die Wirkung von Sonne und Wärme und merken, daß es notwendig ist, sich einzucremen und sich vor der brennenden Sonne zu schützen. Sie ziehen sich gegen Wind und Regen gut an und erleben:

- wie man sich mit einem aufgespannten Regenschirm vom Wind antreiben lassen kann;
- wie Regen den Boden aufweicht, und warum es notwendig ist, Gummistiefel anzuziehen;
- wie Pfützen entstehen, die zu vielen Spielen auffordern;
- wie prasselnder Regen die Haut massiert und die Haare geschmeidig macht;
- daß man aus Schnee zum Schutz vor Kälte eine Höhle bauen kann;
- daß man sich auch am offenen Feuer wärmen kann;
- daß Bäume und Büsche vor Regen schützen können;
- daß die Natur ein wahres Paradies für Entdeckungsreisen ist – auch bei Regen.

42

Bei Regen die Natur erleben

Wenn Sie mit den Kindern bei schlechtem Wetter ins Freie gehen, sollten Sie einen Platz suchen, der ihnen vertraut ist. Die Kinder nehmen so Veränderungen bewußter wahr: Der Wald riecht bei Regen anders, es sind andere Laute zu hören, und es fühlt sich auch anders an, wenn man ihn durchquert. Wie sehen die Tiere und Pflanzen bei Regen aus, wie reagieren sie auf die Feuchtigkeit? Die Kinder lernen so, die Natur zu begreifen und zu beobachten. Wie kann man sich vor dem Regen schützen? Vielleicht kann man sich aus Zweigen ein Dach bauen? Im Winter können die Kinder Bilder in den Schnee stampfen und Tierspuren untersuchen. Natürlich benötigen die Kinder für ihre Entdeckungsreise, wie bei jeder Witterung, zumindest Ferngläser, Lupen, Eimer, eine kleine Schaufel und eine Tüte.

Mit dem Regen ruhig werden

Setzen Sie sich mit den Kindern an eine geschützte Stelle oder bauen Sie aus Zweigen und Blättern ein Dach. Wie anders sieht heute alles aus? Ist es dunkler als sonst, oder glitzert irgendwo ein Sonnenstrahl? Beobachtet die Regentropfen, wie sie an den Blättern herunterrutschen.

Alle müssen die Augen schließen: Was hören wir? Wie laut ist der Regen? Riecht der Wald anders, als wenn die Sonne scheint? Kann man den Regen riechen? Wie riecht er? Hört ihr Tiere? Wie schützen sich Tiere? Gibt es Tiere, die den Regen lieben?

Lassen Sie die Kinder herumlaufen und fühlen: Wie fühlt sich der Wald an, die Blätter, die Büsche, der weiche Boden? Sind auch die Baumstämme naß? Als Vergleich sollten Sie, wenn es wieder trocken ist, mit den Kindern die gleichen Stellen erneut erforschen.

Reime und Lieder

Überlegen Sie doch mal, welche Lieder oder Gedichte Sie als Kind zum Thema Regen gekannt haben. Haben Sie den Regen als angenehm oder unangenehm erlebt? Durften Sie im Regen herumrennen, durch Pfützen springen? Heute machen viele Kinder diese Erfahrungen im Alltag nicht mehr, weil sie mit dem Auto zum Kindergarten oder zur Schule gebracht werden.

Regengedicht

Pitsch patsch,
plitsch platsch.
Der Regen, der macht Spaß.
Und wenn du anderer Meinung bist,
so spring mit mir durchs Gras.

Glugg glugg,
blubb blubb.
Zieh Schuh` und Strümpfe aus.
Und spür` wie schön sich´s anfühlt,
hüpf` schnell mit mir hinaus.

Schimpf schimpf,
motz motz.
Was macht ihr zwei denn da?
Ihr macht euch doch die Füße naß.
Nur deshalb machen wir´s ja!

Ha ha,
ho ho.
Und in die Pfütze rein.
Kommt probiert es alle selbst mal aus
und springt mit uns hinein.

Häufig haben gerade heute Kinder keinen Bezug mehr zu den Naturbegebenheiten. Besonders in der Stadt wird der Regen kaum als etwas Positives erlebt. Schön ist es, wenn der Kinder- oder der Schulgarten die Möglichkeit bietet, etwas anzupflanzen, so daß Kinder direkten Bezug zum Wachsen und zur Notwendigkeit des Regens bekommen. Dann dürfen sie dem Regen auch mal dankbar sein, weil man nicht gießen muß.

Wir sprechen über das Wetter

Sprechen Sie mit den Kindern darüber, wie es dazu kommt, daß es regnet. Wie bilden sich Wolken? Wie entsteht ein Regenbogen? Warum donnert und blitzt es? Was ist Hagel, und woher kommen die Schneeflocken? Weshalb gibt es eigentlich Wetter?
Vielleicht hat ein Kind schon mal erlebt, wie ein Blitz eingeschlagen hat. Weiß jemand eine Geschichte zum Wetter? Haben die Kinder schon mal etwas Spannendes mit dem Wetter erlebt? Wer wurde schon mal vom Wetter überrascht? Wer war schon mal naß bis auf die Haut? Wer hatte schon einmal einen Sonnenbrand? Wer hatte schon eiskalte Füße? Sprechen Sie über die Jahreszeiten.

Viele Worte um das Wetter machen

Welche Wörter fallen uns eigentlich ein, wenn es um das Wetter geht. Suchen Sie sich mit den Kindern Worte wie prasseln, trommeln, gießen, strömen, heulen, jaulen, pfeifen, brennen. Sammeln Sie Sprichwörter und geflügelte Worte zum Wetter wie: „Kräht der Hahn auf dem Mist, ändert sich das Wetter oder bleibt, wie's ist. Es regnet Hunde und Katzen. Es gießt wie aus Eimern. Es regnet Bindfäden. Der Wind heult. Sauwetter. Da jagt man keinen Hund auf die Straße." Die Kinder können auch Freunde und Bekannte nach solchen Redensarten fragen.

Wetterspiele

Lassen Sie die Kinder Wettergeräusche machen, Wetter malen oder darstellen. Kinder sollen, ohne zu sprechen, ein Wetter spielen, und die Gruppe muß es erraten. So kann man schützend die Hände über dem Kopf zusammenschlagen, oder sich in der Sonne aalen. Mit den Händen und dem Körper kann ein Blitz gezeigt werden. Wenn man ganz fest mit den Händen oder den Füßen trommelt, so kann das starker Regen oder Hagel sein. Man kann spielen, daß man ausrutscht oder Ski fährt. Man kann auch „Wetter-Raten" spielen, ohne daß man etwas zeigen darf. Es darf immer nur ein Wort genannt werden, etwa „tropf", „pitsch" oder „donner", „knall", „schwitz", „frier", „sausen" oder „prasseln." Und schließlich kann man auch Wettergeräusche machen. Gibt es Wetter ohne Geräusche, oder fällt uns zu jedem Wetter irgendein Geräusch ein?

Jahresuhr

Aus Pappe können Sie gemeinsam mit den Kindern eine große Jahresuhr basteln. Malen Sie einen großen Kreis auf einen Karton auf und bekleben Sie ihn am besten mit weißem Papier oder Tapete. Unterteilen Sie diesen in zwölf Monate. Der Kreis sollte außen noch einen Rand haben, damit Sie auch die vier Jahreszeiten eintragen können. Überlegen Sie mit den

Kindern, welche typischen Symbole man in jeden Monat zeichnen oder kleben könnte. Das können Wetterzeichen sein, Pflanzen, Blumen, bestimmte Früchte, der Weihnachtsbaum und vieles mehr. Es ist hilfreich, mit den Kindern über die Besonderheiten jedes Monats zu sprechen. Wann herrschen welche Temperaturen? Wann können wir baden, Schlittschuhlaufen, wandern. Wann regnet es besonders viel? Ab wann ist Winter. Warum ist die Sonne dann nicht so heiß? Warum wird aus Regen Glatteis. Während des Bastelns können so viele Fragen gestellt werden. Bereiten Sie die Arbeit an der Jahresuhr deshalb gut vor, indem Sie die Kinder beispielsweise einige Tage vorher darum bitten, Materialien zu sammeln und mitzubringen. In die Mitte der Jahresuhr kommt ein Zeiger, der von den Kindern während des Jahres weitergedreht wird. Sprechen Sie mit ihnen über jeden neu beginnenden Monat, und vergleichen Sie die Bilder der Jahresuhr mit dem momentanen Wetter und den gerade blühenden Pflanzen. Sie gehen so mit den Kindern durch das Jahr, die dadurch immer wissen, in welcher Jahreszeit und in welchem Monat sie sich befinden.

Regenanzüge

Sammeln Sie mit den Kindern alte Plastiktüten, Folien oder Planen. Gestalten Sie mit den Plastiksachen, Klebeband und Scheren ihre eigene Regenkleidung. Vom Regenhut bis zum wasserdichten Schuh kann dabei alles entstehen. Sobald es zu regnen anfängt, können die Kinder ihre selbstgemachte Kleidung testen.

Wer rettet die kleine Ente?

Eine kleine Gummi-Ente schwimmt in einer mit Wasser gefüllten Wanne. Sie treibt hilflos umher, weil sie noch nicht so gut schwimmen kann. Wer schafft es, ihr einen kleinen Schwimmreifen um den Hals zu werfen? Die Kinder können die Schwimmreifen zuvor aus Pappe ausschneiden.

Ein Regentropfen geht auf die Reise – eine Klanggeschichte

Es setzt sich ein kleiner Regentropfen in eine weiße Wolke.
(Die Kinder machen dazu zarte Geräusche: auf dem Glockenspiel, durch zartes Klopfen auf dem Tisch.)
Da kommt plötzlich der Wind, und der kleine Regentropfen fliegt durch die Luft.
(Die Kinder blasen und zischen leicht, reiben eine Trommel oder knistern mit Papier.)
Das sehen andere Regentropfen. Sie setzen sich auch in die Wolke, weil sie mitfliegen wollen.
(Die zarten Geräusche verstärken sich.)
Die Wolke wird immer dunkler und schwerer.
(Windkinder blasen oder zischen lauter, die Trommel wird langsam geschlagen, der Raum wird verdunkelt.)
Nun blitzt und donnert es.
(Trommel, Zischen und Geknister. Eine Triangel imitiert die Blitze, Taschenlampen gehen an und aus.)
Der kleine Regentropfen kann sich nicht mehr halten und fällt mit den anderen auf die Erde.
(Sprechgesang: „Plitsch-platsch", während die Trommeln, Rasseln oder Klanghölzer geschlagen werden.)
Auf der Straße bleiben die Regentropfen liegen. Es wird wieder warm, der kleine Regentropfen verdunstet und steigt hoch in die Luft.
(Leises Trommeln, leises Rascheln, auf den Trommeln wird gerieben, es wird leise auf die Tische geklopft.)
Da setzt sich der kleine Regentropfen wieder in eine Wolke und träumt.
(Glockenspiel spielt einen zarten Ton, es wird leise gesummt.)

Ruhe rund ums Essen

Rituale und mehr

Sie kennen die Situation: Immer wenn die Kinder zum gemeinsamen Frühstück oder zum Mittagessen kommen sollen, ist die Unruhe am größten. Die Kinder merken am Tischdecken und Geschirrklappern, daß sie mit Spielen aufhören müssen, und wollen schnell noch mit ihrem Turmbau oder dem Puppenspiel fertig werden. Wenn sie dann endlich am Tisch sitzen, sind sie unruhig und zappelig. Oftmals kommt es dann zu Streitigkeiten. Für eine wirkungsvolle Zäsur zwischen lautem Spiel und ruhigem Essen eignen sich dann feste Rituale, die den Kindern die Konzentration auf die Mahlzeit erleichtern.

Der Essensgong

Geben Sie mit einem Gong oder einer Glocke das Zeichen der Ruhe. Es sollte möglichst zeitig erfolgen, so daß die Kinder ihr Spiel in Ruhe beenden können. Dieses Signal sollte nicht direkt zum Essen, sondern erst zur Versammlung in einem Kreis rufen. Die Kinder sollten für einen kurzen Moment einfach beieinander sitzen oder liegen, bis sie von alleine ruhiger werden. Sie können dazu auch leise Musik laufen lassen.

Essenvorbereitung

Geschichten, Fingerspiele, Lieder oder Gedichte sind gute Einstimmungen auf gemeinsame Mahlzeiten. Fragen Sie die Kinder, was sie am liebsten hören oder machen würden. Sie

können auch ruhig etwas über den Körper oder zum Thema Ernährung sagen: „Gleich gibt es Essen. Der Körper kann die Nahrung am besten aufnehmen, wenn man ihm Ruhe gönnt und ihm Zeit läßt. Er muß nämlich arbeiten, um Brot, Nudeln oder Griesbrei zu verdauen."

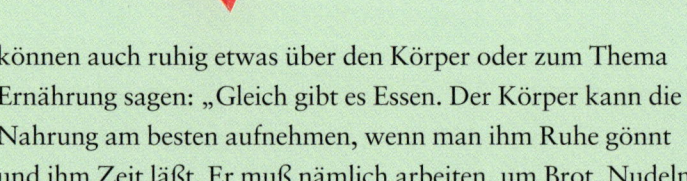

Wir essen gemeinsam – ein Fingerspiel

Die Kinder machen eine lockere Faust.
Das ist der Dicke, der ruft: „Essen her!"
(Der Daumen wird gezeigt und wackelt.)
Da kommt der Zweite und ruft: „Das Essen zu mir!"
(Zeigefinger streckt sich und wackelt.)
Der Dritte wird wach und fragt: „Ist es schon so weit?"
(Mittelfinger steht auf.)
Der Vierte kommt an und meint:
„Ich glaub´, es gibt Streit!" *(Ringfinger reckt sich.)*
Da kommt der Kleine und meint:
„Schont euren Schnabel!"
(Kleiner Finger wird ausgestreckt.)
„Es geht nur gemeinsam. Kommt, holen wir die Gabel!"
(Die Hand nimmt die Gabel.)
„Guten Appetit!"

Was ist los mit dem Kloß?

Erzählen Sie, was im Körper während und nach dem Essen geschieht. Warum braucht der Körper überhaupt Nahrung? Welche Nahrung ist besonders wichtig? Wie ist das mit dem Naschen, und was bedeutet gesunde Ernährung? Fassen Sie sich kurz. Zehn Minuten von Zeit zu Zeit genügen hierfür. Sie können auch die Kinder beauftragen, daß sie sich zu Hause erkundigen und den anderen dann erzählen, was sie herausgefunden haben.

Was alles schmeckt

Sprechen Sie mit den Kindern über Geschmack. Es ist spannend, an einem Bild der Zunge zu zeigen, an welchen Stellen man Süßes und Saures schmeckt, welche Rolle die Nase beim Essen spielt, wie die Geschmacksnerven funktionieren, warum wir auch mit den Augen essen. Kann man gute Sachen auch ohne Nase genießen? Ob das geht, können die Kinder später beim Essen ausprobieren. Fragen Sie, was gut und schlecht, süß und sauer, bitter oder komisch schmeckt. Welche Nahrungsmittel kennen sie, was mögen sie und was nicht?

Was esse ich da?

Was passiert, wenn ich mir beim Essen die Augen zuhalte? Kann ich am Geruch erraten, was ich esse? So können Sie die Mahlzeiten unterhaltsam und abwechslungsreich gestalten. Verbinden Sie den Kindern, die gerne mitspielen möchten, die Augen, und lassen Sie sie raten, was aufgetragen wird.

Pizza oder Spinat?

Ein Kind stellt pantomimisch dar, daß es etwas ißt. Die anderen müssen erraten, ob es sich um Pizza, Spaghetti, Suppe, Spinat oder eine Banane handelt. Wer es als erster weiß, darf den nächsten Esser spielen.

Lieblingsessen

Lassen Sie die Kinder aufzählen, was sie am liebsten essen und was sie gar nicht mögen. Welches Essen würden sie sich heute wünschen? Die Kinder können ihre Eltern nach dem Rezept fragen. Bei passender Gelegenheit werden die Zutaten gemeinsam eingekauft und zubereitet. Die Kinder bekommen so einen Eindruck, wieviel Spaß, aber auch welchen Aufwand das tägliche Kochen bedeutet.

Guten-Appetit-Sprüche

Nach einer Ruhe-Übung gehen alle zu Tisch. Wenn jeder Platz genommen hat, beginnt das Essen mit einem gemeinsamen Spruch. Die Kinder können eigene Reime erfinden. Wichtig ist nur, daß vor dem Essen feststeht, welcher Spruch aufgesagt wird.

Rolle, rolle roll

Rolle, rolle roll
die Schüsseln, die sind voll.
Der Bauch, der ist leer
und brummt wie ein Bär.
Nichts verlebbert,
nichts verkleckert.
Guten Appetit!

Mein Bauch ist leer

Mein Bauch ist leer.
Mein Bauch ist leer.
So bringt doch schnell das Essen her.

Riecht gut in der Nase

Riecht gut in der Nase,
schmeckt gut im Mund,
wenn ich jetzt esse,
bleib´ ich gesund.

47

Das Mäuse-Essen

Gute Tischmanieren sind eine wichtige Voraussetzung, daß alle ihr Essen entspannt genießen können. Die Spielregeln während der Mahlzeiten sollten mit den Kindern besprochen und aufgestellt werden. Die Kinder können dabei selbst herausfinden, warum es wichtig ist, daß es beim Essen gewisse Regeln gibt. Die folgende Geschichte dient als Einstieg in die gemeinsame Diskussion der Tischregeln.

Die kleinen Mäuse haben beschlossen, sich regelmäßig in einer wunderschönen Höhle zu treffen. Sie müssen dann nicht mehr alleine spielen. Besonders freuen sie sich auf das gemeinsame Mittagessen. Sie lieben es, gemeinsam an einem Tisch zu sitzen und nicht jeden Tag zum Essen nach Hause rennen zu müssen. Das ist schon toll!
In der Höhle geht es auch heute wieder so lebhaft und fröhlich zu, daß Meister Dachs stehen bleibt und neugierig horcht. Es poltert und scheppert, und man hört laute Rufe: „Du bist dran!" und „Fang mich doch!"
„Das ist ja schön", denkt der Dachs. „Es ist eine gute Idee, daß die kleinen Mäuse in der Höhle zusammen spielen."
Bald ist es Zeit für das Mittagessen. Die Mäuseeltern haben ihren Kindern leckere Speisen mitgegeben. „Deckt auch schön den Tisch, richtet das Essen und macht alles wieder

ordentlich sauber. Und paßt auf, daß ihr die Arbeiten immer schön gerecht unter euch aufteilt, damit nicht einer alles machen muß", haben die Eltern ihnen aufgetragen.

Heute decken Lilli, Benni und Rosa den Tisch. Es ist schon spät, und alle spüren einen kräftigen Hunger. Doch das Tischdecken ist gar nicht so einfach. Freddie rennt um den Tisch, und fast hätte er einen Teller heruntergerissen. „He, paß doch auf! Siehst du nicht, daß hier Teller stehen?" ruft Benni. Doch da kommt auch schon Tim angeflitzt und rennt Benni fast um. Benni hält gerade eine Schüssel mit kleinen Nüssen in der Hand. Einige Nüsse fallen heraus und kullern über den Boden. Benni ist so wütend, daß er fast weint. Ganz laut schreit er, daß er das furchtbar doof und gemein findet. Doch Lilli und Rosa trösten ihn und lesen die Nüsse wieder auf. Andere Mäuschen haben noch gar nicht mitbekommen, daß der Tisch gerichtet wird. Sie hüpfen und tanzen noch wild herum und sind ganz in ihr Spiel vertieft. Es ist sehr laut in der Höhle, und es sieht nicht so aus, als gäbe es heute ein gemeinsames Essen.

„Essen kommen. Na los doch. Es gibt Essen!" rufen einige Mäuschen ganz laut. Sie sitzen schon eine ganze Weile am Tisch und warten. Endlich haben es die anderen mitbekommen und setzen sich auch an den Tisch. Doch ruhiger wird es trotzdem nicht. „Gib mal die Schüssel rüber!" ruft Timmi, und als niemand reagiert, läuft er einfach über den Tisch, um sich ein paar Rosinen aus der Schüssel zu nehmen. Dabei tritt er aus Versehen auf den Käse. Ganz deutlich ist sein Fußabdruck zu sehen.

Und so geht es weiter. Es wird gerufen und gestritten. „Ich will das Brot!" „Ich bin zuerst dran!" „Gib mal die Butter", rufen alle durcheinander. Ein paar schubsen sich, ein Glas fällt um, auf dem Tisch liegen Essensreste.

Als alle satt sind, ist die gute Stimmung plötzlich wie weggeblasen. Keiner hat Lust, den Tisch sauberzumachen und das Geschirr zu spülen. So kommt es zum Streit unter den kleinen Mäusen.

Zuhause berichten die Mäuschen von dem Tohuwabohu beim Essen. Eigentlich sind sie sehr traurig, weil jeder davon geträumt hatte, wie schön und gemütlich es sein würde, mit seinen Freunden zu essen. Da beschließen einige der Mäuseeltern, am nächsten Tag ihre Kinder zu begleiten. Gemeinsam mit den Mäuschen wollen sie überlegen, was man tun könnte, damit alle zufriedener vom Tisch gehen.

Wollt ihr Ihnen dabei helfen? Was haben die kleinen Mäuse falsch gemacht? Könnt ihr ihnen Verbesserungsvorschläge machen? Welche Regeln sollten sie beim Essen beachten? Was ist euch wichtig, wenn ihr am Tisch sitzt?

Hier können Sie die Kinder erzählen lassen. Notieren Sie alle Ideen mit. Die Vorschläge können auf einem Plakat als gemeinsame Essensregeln ausgehängt werden. Die Kinder können sich Erkennungszeichen überlegten, die symbolisch für jede Regel stehen.

Aggression im Unterricht

Klasse-Spiele gegen die Wut

In der Schule erleben Kinder nicht nur das lebendige und aufregende Miteinander einer Klassengemeinschaft. Schule bedeutet auch Konkurrenz und Wettbewerb, da Schüler sehr viel Wert auf die Anerkennung durch den Lehrer und die Mitschüler legen. Fehlen positive Rückmeldungen, können sich Enttäuschung und Frustration im Unterricht in aggressivem Verhalten äußern. Aber nicht nur die Schule selbst setzt Kinder unter Druck, sondern auch die Erwartungen der Eltern oder die Konkurrenz mit Geschwistern. Versagensängste führen dann zum Rückzug oder entladen sich in Wutattacken.

Eine individuelle Förderung kann gezielt einzelnen Schülern helfen. Klare Unterrichtsstrukturen sowie die abwechslungsreiche Gestaltung und zeitliche Rhythmisierung des Schulalltags dagegen sorgen für allgemein bessere Lernbedingungen. Steigt durch den Zwang zum ruhigen Sitzen die innere Spannung, lockern die Bewegungsspiele, die Sie am Anfang dieses Kapitels kennengelernt haben, die Unruhe. Die Schüler müssen auch lernen, aggressive Stimmungen bei sich selbst und bei anderen zu ertragen sowie Lösungsmöglichkeiten für innere Konflikte zu finden. Im folgenden sollen hierzu einige Übungen vorgestellt werden.

Wer bin ich?

Jedes Kind schreibt auf ein Papier, was es wütend macht. Dann werden die Blätter eingesammelt und nacheinander vorgelesen. Besprechen Sie mit den Kindern, ob es allen so geht wie dem Autor, was sie dazu meinen und was man in der beschriebenen Situation machen kann. Lassen Sie anschließend raten, von wem der Zettel stammt. Die Kinder lernen sich besser kennen und erfahren andere Verhaltensmöglichkeiten. Alternativ können sie aufschreiben, was ihnen gefällt, was sie traurig macht, was sie gerne oder nicht so gerne machen.

Wüste Beschimpfung

Die Kinder suchen fünf Minuten lang in Gruppenarbeit die schlimmsten Schimpfwörter, die sie finden können, und schreiben sie auf. Anschließend liest jede Gruppe ihre Wortsammlung mit dem dazu passenden Ausdruck vor. Nun dürfen sich alle Kinder äußern: Welches Schimpfwort fand ich am schlimmsten? Welches Schimpfwort hat mich am meisten verletzt? Wie habe ich mich dabei gefühlt? Was könnte ich darauf antworten?

Schimpfwörter-ABC

Schimpfen kann befreiend wirken. Das Schimpfwörter-ABC hilft aufzuschreiben, was man sonst nicht aussprechen darf. Natürlich darf das Wörterbuch benutzt werden.

Arsch
Beleidigte Leberwurst
Chaot
Doofkopf

Ärger-ABC

Es gibt viele Dinge, die uns stinken und wütend machen. Jeder schreibt auf, was ihn ärgert, beleidigt und nervt.

Aufsätze schreiben
Beleidigungen
Chef vom Papa
Durchgestrichene Hausaufgaben

Wutausdruck-ABC

Bevor wir wirklich vor Wut platzen, aus der Haut fahren oder die Wand hochgehen, schreiben wir das lieber auf.

Aus der Haut fahren
Bilder von der Wand reißen
Christina eine scheuern
Du Idiot! brüllen

Wutlöser-ABC

Ärger kann man auch vermeiden. Welche Möglichkeiten gibt es? Die Antworten werden auf Plakate geschrieben und aufgehängt.

Aufpassen, bevor es zum Streit kommt
Bettruhe
Chancen zum Streitschlichten suchen
Duschen (kalt)

Das Wutwegbuch

Sind nun verschiedene Möglichkeiten gesammelt, mit der Wut umzugehen, ist schon viel über Wut gesprochen und vielleicht auch gearbeitet worden, können die Kinder nun ihr Wutwegbuch erstellen. Das können Schreibhefte oder selbstgestaltete und zusammengeheftete Blätter sein.
In die Wutbücher gehört alles, was mit dem Thema Wut zu tun hat:

- Wut-ABCs, Gedichte, Geschichten, Collagen und Aufsätze, etwa darüber, was Kinder an der Erwachsenenwelt stört und was Kinder in anderen Ländern wütend macht.
- Wutbriefe an Personen, die einen geärgert haben.
- Verträge, die zur Konfliktlösung geschlossen wurden, und typische Ärgersituationen in der Schule.
- Auf einer „schönen" Seite wird notiert, was der Autor alles kann und mag, und worüber er sich freut.
- Auf der Hilfsseite stehen Maßnahmen gegen die Wut und gegen das Ausrasten. Ein Wutweg-ABC gehört dazu.

Als Hausaufgabe können die Kinder eine Woche lang einen Konflikt beobachten. Worum ging es? Wie ging es aus? Welche Lösung wurde gefunden?

Wenn der Zorn verraucht ist

Forschen nach den Ursachen

Beobachten und erkennen lernen

Wenn Sie das wütende oder aggressive Verhalten eines Kindes ändern wollen, müssen Sie nach den Ursachen der Wut und den Wünschen des Kindes forschen. Das bedeutet zunächst einmal, daß Sie das Kind beobachten. Denn oftmals ist es selbst nicht in der Lage, seinen Ärger zu verstehen oder gar zu benennen und die Situationen zu erkennen, die bei ihm Aggressionen auslösen.

Wichtige Voraussetzung dabei ist, das Kind als Person nicht abzulehnen. Stecken Sie es nicht in eine Schublade, und vermeiden Sie Pauschalurteile. Versuchen Sie, dem Kind dort zu begegnen, wo es steht, und sich in seine Lage zu versetzen. Sie werden mit der Situation dann anders umgehen. Was nicht heißt, daß Sie heftige Wutausbrüche einfach akzeptieren dürfen.

Sie können dem Kind dann auch spielerisch helfen, selbst die Ursachen für Aggressionen aufzudecken, die damit verbundenen Gefühle auszudrücken und sich nicht von der Wut vereinnahmen zu lassen.

„Wozu?"

Um zu verstehen, warum ein Kind wütend reagiert, ist es hilfreich, einmal die Folgen des Wutausbruchs näher zu betrachten. Was wollte das Kind durch den Wutausbruch erreichen? Welche Verhaltensweise von mir, von der Gruppe, sollte provoziert werden?

Beobachten Sie einmal die Situation genauer. Haben Sie, hat die Gruppe die Wünsche des Kindes sofort erfüllt, um Schlimmeres zu vermeiden?

Die wichtigsten Fragen

🔸 Wann kommt es zu aggressiven Verhaltensweisen?

🔸 Wer ist beteiligt, und wie ist der Verlauf?

🔸 Was kommt dabei heraus?

🔸 Was wollte das Kind erreichen? Was hat es erreicht?

Hinter jeder aggressiven Handlung steht ein Bedürfnis, das befriedigt werden will. Ein Kind ändert sein Verhalten dann, wenn es lernt, daß es damit nichts erreicht. Das Verhalten der Umwelt – also Ihre Reaktion und die der anderen Kinder – gibt ihm die Antwort. Wenn Sie dann versuchen, sich positiv mit dem Verhalten des Kindes auseinanderzusetzen, kann das Kind aus Ihrem Beispiel lernen und geht so die ersten Schritte in Richtung Konfliktlösung.

Wenn Sie erfahren haben, was das Kind von Ihnen oder der Gruppe wollte, haben Sie in vielen Fällen schon die Ursache ergründet. Vielleicht war es Langeweile, das Bedürfnis nach Aufmerksamkeit oder eine Meinungsverschiedenheit mit einem anderen Kind, die zu dem Wutausbruch führten. Durch ein Gespräch oder die Spiele und Übungen aus den vorherigen Kapiteln können Sie die Situation in den Griff bekommen.

Manchmal liegen die Gründe jedoch tiefer oder außerhalb Ihres Wirkungsbereiches. Die Antwort auf die Frage „Was steckt hinter der Wut?" läßt sich dann nicht so leicht finden. Die Fragebögen und Übungen auf den folgenden Seiten helfen Ihnen, die Gründe dennoch zu entdecken. Dabei ist es möglich, daß Sie Ursachen ergründen, auf die Sie nicht alleine mit dem Kind und in Ihrer Einrichtung einwirken können. Doch werden Ihnen die Erkenntnisse helfen, gezielter mit dem Kind und seiner Familie zu arbeiten.

Verhalten beobachten

Wenn Sie das Verhalten eines Kindes über einen längeren Zeitraum beobachten möchten, sollten Sie folgendes beachten:

🔸 Bevor Sie beginnen, halten Sie in Stichpunkten fest, warum Sie das Kind beobachten möchten. Notieren Sie, was Sie stört, mit welchem Verhalten Sie nicht klar kommen.

🔸 Setzen Sie sich als Ziel, ohne Ermahnungen und Beschimpfungen zu reagieren.

🔸 Bitten Sie auch Ihre Kolleginnen und Kollegen, das Kind zu beobachten.

🔸 Notieren Sie das Verhalten des Kindes immer ohne Wertung, ziehen Sie keine Schlußfolgerungen.

🔸 Das Kind sollte zu unterschiedlichen Zeiten beobachtet werden (nach dem Kommen, beim Spielen, beim Essen, vor dem Gehen ...).

🔸 Beschreiben Sie auch die Reaktionen der anderen.

🔸 Vergleichen Sie Ihre Notizen und die der anderen: Gibt es Abläufe, die sich wiederholen?

🔸 Können Sie eine Absicht erkennen? Was möchte das Kind?

🔸 Vergessen Sie bei der Beobachtung nicht Ihre eigenen Gefühle.

Was dahinter steckt

Den Ursachen mit Fragebögen auf der Spur

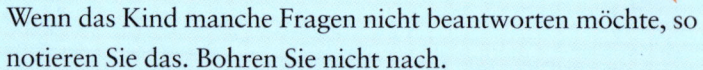

Mit den folgenden Fragebögen können Sie mehr über ein Kind und seine Wut erfahren. Die ersten Fragen helfen Ihnen, Informationen über das Kind zu sammeln. Die Auskünfte erhalten Sie vom Kind selbst. Das verhindert, daß zu viele Vermutungen angestellt werden. Sie sollten die Fragen in einer entspannten Situation stellen. Führen Sie einfach ein Gespräch mit dem Kind: „Eigentlich weiß ich ganz schön wenig von dir ...".

Wenn das Kind manche Fragen nicht beantworten möchte, so notieren Sie das. Bohren Sie nicht nach.

Je nach Offenheit des Kindes können Sie mit dem Fragebogen wichtige Informationen sammeln, an denen Sie sich in Ihrer weiteren Arbeit orientieren können. Sie dienen als Anhaltspunkte, das Kind besser zu verstehen und die Übungen dieses Buches gezielt einzusetzen.

Fragebogen: Die Situation des Kindes

Notieren Sie sich die Antworten. Dann laufen Sie auch nicht Gefahr, Antworten vom Kind zu vergessen. Außerdem haben Sie damit eine Grundlage für Gespräche über das Kind. Eltern fühlen sich im Gespräch häufig sicherer, wenn sie merken, daß Sie das Kind kennengelernt haben.

1. Gefällt es dir hier im Kindergarten/in der Schule?
2. Was gefällt dir hier im Kindergarten/in der Schule gut?
3. Was gefällt dir zu Hause sehr gut?
4. Hast du Geschwister?
5. Wie verstehst du dich mit deiner Schwester/deinem Bruder?
6. Denkst du, deine Eltern mögen euch gleich gerne?
7. Was machst du zu Hause am liebsten?
8. Was macht dir dabei besonders großen Spaß?
9. Was machst du, wenn der Kindergarten/die Schule aus ist?
10. Was machst du gleich nach dem Aufstehen?
11. An was denkst du dabei?
12. An was denkst du oft vor dem Schlafengehen?
13. Was machst du am liebsten mit Freunden zusammen?
14. Hast du mehrere Freunde/Freundinnen?
15. Wie oft trefft ihr euch?
16. Was wünschst du dir am meisten?
17. Wann wirst du wütend?
18. Was machst du, wenn du so richtig sauer bist?
19. Gibt es Menschen, über die du dich öfter ärgerst?

Der Alltag des Kindes

Wie sieht eigentlich ein ganz normaler Alltag bei dem Kind aus? Welche Regelmäßigkeiten gibt es? Sie können schon einem kleinen Kind die folgenden Fragen stellen und schauen, ob und wie bewußt es seinen Alltag erlebt.
Den Fragebogen können Sie mit den Eltern ergänzen und besprechen.

Haben Sie den Eindruck, daß sowohl ein stabiler äußerer Rahmen als auch noch genügend Freiräume für das Kind gegeben sind? Hat das Kind genügend Zeit und Raum, sich auszutoben und auszudrücken, ist es zu sehr in ein Schema gepreßt? Machen Sie sich selbst Gedanken. Fragen Sie auch die Eltern. Reden Sie mit dem Kind darüber. Was gefällt ihm, was findet es doof?

Fragebogen: Der Alltag des Kindes

Ich heiße ....

Morgens stehe ich um .... Uhr auf.

Um .... Uhr gibt es dann Frühstück. Danach
○ muß ich mich beeilen, damit wir rechtzeitig
○ habe ich noch ein bißchen Zeit zum Spielen
○ putze ich regelmäßig meine Zähne
○ ....

Um .... Uhr
○ kommt dann die Tagesmutter
○ werde ich ○ zu Fuß ○ mit dem Fahrrad ○ mit dem Auto
in ○ den Kindergarten ○ die Schule gebracht
○ ....

Was mache ich dort? ....
....

Das mache ich jeden Vormittag:
○ Frühstück um .... Uhr
○ Morgenkreis um .... Uhr
○ Mittagessen um .... Uhr
○ Mittagsschlaf von .... bis .... Uhr

Das mache ich nachmittags:
○ Ich kann viel spielen und herumtoben
○ Ich kann Freunde und Freundinnen besuchen
○ Ich muß ....
○ ....

Um .... Uhr
○ werde ich dann abgeholt
○ kommen Mama oder Papa nach Hause
○ ....

Danach
○ muß ich lange mit dem Auto nach Hause fahren
○ besuchen wir oft noch jemanden
○ habe ich noch viel Zeit zum Spielen
○ ist nur noch wenig Zeit, bevor ich schlafen gehe
○ essen wir um .... Uhr zu Abend

Vor dem Schlafengehen
○ um .... Uhr ○ zu keiner festen Uhrzeit
○ putze ich regelmäßig die Zähne
○ mache ich noch eine Entspannungsübung
○ liest ○ Mama ○ Papa ○ ....
mir eine Geschichte vor oder erzählt mir etwas

Rate mal, warum ich sauer bin

Spielerisch die Ursachen aufdecken

Nicht alles läßt sich durch ein Gespräch klären. Es ist manchmal gar nicht einfach zu wissen, was eigentlich los ist – warum ein Kind in letzter Zeit so häufig sauer ist. Das geht uns aber allen so. Wir können Kindern durch Spiele helfen, etwas mehr über sich selbst zu erfahren und ihre Gedanken und Gefühle auch zum Ausdruck zu bringen. Kinder, die besonders oft durch wütendes und unsoziales Verhalten auffallen, sollten Sie zu diesen Spielen ermutigen. Vielleicht gelingt es gemeinsam im Spiel, der Wut auf die Schliche zu kommen. Weiter helfen auch noch die Spiele aus den ersten Kapiteln und die Rollenspiele im letzten Kapitel.

Gefühle erraten

Dieses Spiel funktioniert ähnlich dem Beruferaten: Alle sitzen im Kreis. Ein Kind darf sich eine bestimmte Situation überlegen und diese mit dem entsprechenden Gefühl ausdrücken. Das kann durch Worte, Laute, Bewegungen oder auch nur durch eine bestimmte Stellung geschehen. Die anderen Mitspieler müssen versuchen, möglichst genau dieses Gefühl zu beschreiben.

In einer zweiten Variante muß ein Mitspieler versuchen, dieses ausgedrückte Gefühl möglichst ernstzunehmen und darauf zu reagieren, sich hineinzuversetzen und darauf einzugehen.

Dieses Spiel kann später auch dazu verwendet werden, Wut zu erraten. Ein Kind lebt seinen Zorn aus, und die Mitspielerinnen müssen erraten, worauf es wütend ist.

Da stimmt doch etwas nicht

Legen Sie Bilder mit Gefühlsgesichtern vor sich hin. Vielleicht kennen die Kinder die Gefühlsgesichter schon, weil Sie häufiger damit arbeiten.

Erzählen Sie den Kindern, daß Sie mit ihnen ein Ratespiel machen möchten. Es geht darum, daß Menschen manchmal ihre echten Gefühle nicht zeigen. Sie sind zum Beispiel traurig, aber sie zeigen oder sagen es nicht, und deshalb tröstet Sie dann auch keiner. Erzählen Sie ein Beispiel:

Geschichte 1:

Einem Mann ist im Kaufhaus an der Kasse seine eben bezahlte Flasche Wein heruntergefallen und kaputtgegangen. Dem Mann war das peinlich, aber er hat trotzdem gelacht. Die Verkäuferin war sauer, weil sie nun die Pfütze wegwischen mußte. Das konnte man deutlich an ihrem Gesicht sehen. Aber sie hat gesagt, „Das macht doch nichts", denn man muß zum Kunden freundlich sein. Zeigen Sie jeweils das Gesicht, das die Person gemacht hat und dann das „wahre Gesicht".

Geschichte 2:

Tanja kommt in die Schule. Heute ist ihr erster Schultag. Sie hat gar nicht richtig gut schlafen können, weil sie sehr aufgeregt ist. Sie sitzt nun im Klassenzimmer und die Lehrerin will, daß die Kinder der Reihe nach ihren Namen sagen. Gleich ist Tanja an der Reihe, ihr Herz klopft ganz schnell. Sie schaut so: Zeigen Sie ein Gesicht, das lacht oder lächelt. Was meint ihr, wie fühlt sich Tanja wirklich? Welches Gesicht paßt besser?

Lassen Sie die Kinder ein Gesicht aussuchen und es erklären.
So können Sie oder auch die Kinder sich verschiedene Geschichten überlegen. Vielleicht haben Sie gerade Situationen im Kindergarten, die Sie gerne ansprechen möchten. Vielleicht haben Sie eine Idee, welches Kind Sie durch welche Geschichte erreichen können.

Die Wutkiste

In einer großen Kiste liegen verschiedene Gegenstände: Puppen (möglichst auch Babypuppen und größere Puppen), Schere, Knet, Papier, Bleistift, sonstiges Spielzeug. Das Kind

Wutgeschichten

Erzählen Sie den Kindern, daß Sie als Kind auch manchmal stinksauer waren. Überlegen Sie sich eine Geschichte aus Ihrer Kindheit und erzählen Sie sie den Kindern. Vielleicht können Sie genau schildern, wie Sie mit dem Fuß aufgestampft haben, wie Ihr Herz geklopft hat ... Schmücken Sie die Geschichte aus. Vergessen Sie nicht zu erzählen, wie es ausging und wie Sie sich hinterher gefühlt haben. Kinder lieben es, Geschichten aus der Kindheit von Erwachsenen zu hören. Bitten Sie doch nun die Kinder, auch eine Wut-Geschichte zu erzählen. Wenn ein Kind erzählt und nicht weiter weiß, dann stellen Sie ihm Fragen. Was hat dich so sehr sauer gemacht? Würdest du es jetzt anders machen? Wie ging es dir nachher?

darf sich nun jenen Gegenstand nehmen, den es am ehesten mit seiner Wut verbindet. Fragen Sie es, warum es ausgerechnet diesen gewählt hat.

Wut-Collage

Aus einem Stapel alter Zeitschriften sucht jedes Kind Bilder aus, die es mit dem Wutgefühl verbindet. Dann schneidet es die Bilder aus und klebt sie auf ein Blatt Papier. Dabei können auch Szenen oder Bildfolgen entstehen. Die Kinder dürfen ihre Bilder an die Wand hängen und ihre Collagen miteinander vergleichen. Fragen Sie nach: Warum hast du diese Fotos ausgesucht? Wer oder was ist das auf deinem Bild?

Was mich selber wütend macht

Lernen aus den eigenen Gefühlen

Um besser zu verstehen, was in Kindern vorgeht, die wütend reagieren, sollten Sie einmal Ihre eigenen Gefühle, Ihren eigenen Umgang mit Wut näher betrachten. Stellen Sie sich einmal die folgenden persönlichen Fragen:

Viele Aggressionen entstehen im Berufsalltag. Wir fühlen uns von anderen überfordert, angefeindet oder ungerecht behandelt. Wie sieht es bei Ihnen aus? Wie fühlen Sie sich an Ihrem Arbeitsplatz?

Wie bin ich eigentlich?

- Gibt es Kinder, die Sie regelmäßig wütend machen?
- Welches Verhalten können Sie am wenigsten akzeptieren? Wenn Sie darüber nachdenken, fallen Ihnen auf Anhieb bestimmte Kinder/Erwachsene ein?
- Welche Gefühle stecken häufig hinter Ihrer Wut?
- Sind Sie manchmal/häufig wütend auf sich selbst?
- Was stört Sie dann?
- Was macht Sie glücklich?
- Sind Sie ein offener Mensch, der sich leicht tut, seine Gefühle zu zeigen?
- Sind Sie ehrlich zu sich selbst?
- Wissen Sie manchmal auch nicht, warum Sie schlecht drauf sind?
- Sind Sie Ihrer Meinung nach eine gute Erzieherin?
- Sind Sie am meisten wütend, wenn Sie enttäuscht sind?
- Wer kann Sie verletzen? Was kann Sie verletzen?

Was mich im Beruf bei Eltern und Kolleginnen/Kollegen wütend macht:

- Eine Kollegin kommt häufig zu spät.
- Die Leitung bespricht Beschlüsse nicht mit dem Team.
- Die Zuschüsse werden gekürzt.
- Zwei Eltern sind der Meinung, die Erzieherinnen würden sich ein schönes Leben machen, meist herumsitzen und Kaffee trinken.
- Eine Mutter holt ihr Kind oft zu spät ab.
- Manche Eltern erscheinen nie zu Elterngesprächen.
- Ein Vater beschwert sich am Elternabend, daß die Kinder zu wenig auf die Schule vorbereitet würden.
- Überlegen Sie für sich selbst: Gibt es Situationen oder Personen, die sie im Berufsalltag wütend machen?
- Was ärgert Sie, und womit müssen Sie ständig umgehen? Wirkt sich das auf Ihre tägliche Stimmung aus?
- Mit welchem Grundgefühl gehen Sie zur Arbeit?

Für die nächste Übung sollten Sie in sich hineinhorchen, wie es Ihnen in diesen Momenten geht, wie Sie in Situationen, in denen Sie selber wütend sind, reagieren.

Treffen die Antworten im nächsten Fragebogen auf Sie zu? Lassen Sie auch Freunde ankreuzen, welche Reaktionen bei Ihnen beobachtet werden. Natürlich sind mehrere Antworten möglich.

Beobachten Sie im Anschluß daran Ihr Verhalten in neuen Wutsituationen. Treffen die Beschreibungen zu? Wenn ja, wie geht es Ihnen nach diesen Reaktionen? Fühlen Sie sich wohl danach? Wenn nein, was würden Sie gerne ändern? Welche Reaktionsweise wäre Ihnen lieber?

Versuchen Sie einmal zu überlegen, wie Sie gerade diese Verhaltensweise gelernt haben.

Wenn Sie diesen Fragebogen auch von Ihren Freunden/ Freundinnen ausfüllen lassen, dann vergleichen Sie einmal die beiden Ergebnisse. Weichen Sie sehr voneinander ab? Woran könnte diese unterschiedliche Einschätzung liegen?

Überlegen Sie anschließend, was Sie bei Kindern bewirken und was Sie ihnen vorleben. Welche Ihrer Verhaltensweisen können Kindern ein gutes Beispiel sein? Welche Reaktion empfinden Sie als wirklich hilfreich? Was hindert Sie eventuell auch

daran, einmal wütend zu werden? Fragen Sie sich auch, wie sich Ihr Verhalten in Beziehungen, beispielsweise unter Kolleginnen und Kollegen, auswirkt! Die Auseinandersetzung mit diesen Fragen hilft Ihnen dabei, die Reaktionsweise der Kinder besser verstehen zu lernen.

Fragebogen:
Wie verhalte ich mich, wenn ich wütend bin?

- Ich möchte am liebsten meinen Kopf in den Sand stecken.
- Ich stopfe etwas zu essen in mich hinein und schlucke den Ärger damit herunter.
- Ich schlucke den Ärger ohne Essen herunter und fresse ihn damit in mich hinein.
- Ich versuche, alles zu verdrängen.
- Ich lenke mich ab und versuche, an etwas ganz anderes zu denken.
- Ich fahre vor allem meine Freundinnen an.
- Ich werde sarkastisch.
- Ich fange (fast) an zu weinen.
- Ich steuere mein Verhalten ganz rational.
- Ich schreibe einen Brief.
- Ich muß etwas in die Ecke schmeißen.
- Ich bin gereizt und fahre Menschen an, wenn sie mich ansprechen.
- Ich versuche, mich so zu beherrschen, daß andere (meine Kinder) es nicht mitbekommen.
- Ich überspiele den Ärger und wirke lustig.
- Ich erzähle meine Wut einer Freundin / einem Freund und lade sie so ab.
- Ich lasse meine Wut an einem geschützten Ort hinaus.
- Ich „platze" an Ort und Stelle vor Wut.

Bevor es wieder kracht

Vorbeugen ist die beste Hilfe

Vorbeugen ist die beste Medizin. Diese Weisheit gilt auch bei der Wutbewältigung. Vorbeugen heißt, die Persönlichkeit der Kinder zu stärken, damit sie Konflikte auf friedliche Weise lösen können. Vorbeugung bedeutet aber auch, die Kinder auf den Ernstfall vorzubereiten, damit sie belastenden Gefühlen nicht hilflos ausgeliefert sind. Und Vorbeugung setzt schließlich auch in der Umwelt der Kinder an, zu Hause in der Familie, bei der harmonischen Gestaltung ihrer Lebens- und Spielwelt sowie bei der Verbesserung der sozialen und räumlichen Atmosphäre in Kindergarten und Schule.

Die Persönlichkeit stärken

Kinder sind keine fertigen Persönlichkeiten. Sie müssen erst lernen, mit den Anforderungen des täglichen Lebens zurechtzukommen. Insbesondere der Umgang mit unangenehmen Gefühlen muß dabei geübt werden. Je früher ihnen dies vermittelt wird, desto leichter fällt es ihnen später, schwierige Situationen zu meistern und Probleme zu lösen.

Lob und Anerkennung sind hierbei grundlegende Voraussetzungen. Sie stärken das Selbstbewußtsein der Kinder und helfen ihnen dadurch, Anfeindungen und Spannungen gelassener auszuhalten. Kinder mit geringem Selbstwertgefühl, schüchterne und unsichere Kinder dagegen befürchten, daß andere ihre Schwächen entdecken, und halten sich deshalb auf Distanz. In schwierigen Situationen reagieren sie schneller mit Aggression und Gewalt.

Diesen Kindern müssen wir gezielt helfen, die Isolation, in der sie gefangen sind, zu durchbrechen und Vertrauen zu anderen zu entwickeln.

Gemeinsame Spiele in der Gruppe sind dabei hervorragend geeignet, soziales Verhalten zu erleben, auszuprobieren und anzuwenden. Im gemeinsamen Spiel entwickeln Kinder im sicheren und streßfreien Rahmen Zugehörigkeit, fühlen sich geborgen und können mit diesem Rückhalt Problemen in und außerhalb der Gemeinschaft besser begegnen.

In der spielerischen Auseinandersetzung können Kinder herausfinden, was andere Menschen denken und fühlen.

So machen die Übungen allen Spaß

- Sie sollten von den Übungen überzeugt sein, die Sie ausgesucht haben.
- Wenn eine Übung nicht den erwünschten Effekt hat, beenden Sie sie lieber.
- Kombinieren Sie verschiedene Übungen. Traumreisen können mit Rollenspielen oder Malen verbunden werden, Geschichten mit Gruppenübungen, Entspannungstechniken mit Körperübungen.
- Fangen Sie mit einfachen Übungen an. Die Kinder können so Zutrauen und Sicherheit gewinnen. Und Sie entdecken allmählich die Stärken und Schwächen der Kinder.
- Kein Kind sollte sich unter Druck gesetzt fühlen, in einer Übung etwas zu tun, was es nicht will. Es sollte auch nie dem Spott der anderen ausgesetzt werden.
- Achten Sie darauf, daß sich die Kinder bei Bewegungsspielen und Bastelarbeiten nicht verletzen können.
- Halten Sie sich nicht zu starr an die Spielvorgaben. Bleiben Sie flexibel und spontan, um jederzeit auf interessante Reaktionen und Bemerkungen eingehen zu können.

Lassen Sie sich helfen...

Nicht immer können Sie einem Kind mit präventiven Übungen helfen. Sie haben dann nicht versagt. Manche Kinder stecken bereits viel zu tief in ihrer zornigen Abwehrhaltung gegenüber der Umwelt. Wenn Sie dennoch eine sinnvolle Prävention durchführen möchten, sollten Sie sich professionelle Unterstützung bei den Erziehungsberatungsstellen der Arbeiterwohlfahrt, der Caritas, des Diakonischen Werks, des Paritätischen Wohlfahrtsverbandes oder von Pro Familia suchen. Bereiten Sie die Eltern einfühlsam auf ein Gespräch mit den Therapeuten vor, indem Sie ihnen klarmachen, daß sie in der Erziehung keine Fehler gemacht haben.

Sie lernen, sich in andere hineinzuversetzen, und bauen Abneigungen gegenüber ungewohntem Verhalten ab. Gelingt es ihnen, sich und andere besser zu verstehen, sind sie weniger angriffslustig, wenn unterschiedliche Meinungen und Interessen aufeinanderprallen.

Den inneren Ausgleich finden

Wer in angespannten Situationen den Überblick behält, verzichtet leichter darauf, Differenzen mit der Faust zu lösen. Wir können den Kindern spielerisch beibringen, ihren Ärger zu kontrollieren und Auseinandersetzungen gemeinsam konstruktiv zu lösen. In Kooperations- und Rollenspielen lernen sie, sich aufeinander einzustellen und gemeinsam Schwierigkeiten zu meistern.

Die anderen sind nicht immer doof

Sich und andere kennenlernen

Manchmal spielt uns unsere Wahrnehmung einen Streich. Jemand gibt eine schroffe Antwort, und wir sind tief getroffen. Vielleicht ist es nur seine Art oder er ist gerade schlecht gelaunt. Auf jeden Fall aber hat er nichts gegen uns. Damit solche Mißverständnisse nicht in Zank und Zwietracht enden, müssen wir mehr Gelassenheit und Verständnis im Umgang mit unseren Mitmenschen entwickeln.

Die folgenden Übungen und Spiele helfen Kindern, Gefühle und Stimmungen besser zu verstehen. Sie lernen dadurch, individuellen Verhaltensweisen gegenüber toleranter zu werden und Unsicherheiten im Zusammenleben abzubauen. Sie sollten die Spiele deshalb immer wieder durchführen. Ein besonderer Anlaß ist dafür nicht nötig.

Sich kennen, um andere zu verstehen

Um Verständnis für andere zu entwickeln, müssen Kinder zuerst mehr über sich selbst erfahren. Wer sich seiner Einzigartigkeit bewußt ist, kann andere leichter akzeptieren und respektieren. Hier einige Möglichkeiten, um Kindern ihre persönlichen Eigenschaften bewußt zu machen:

- Suchen Sie gemeinsam nach typischen Verhaltensweisen und sprechen Sie mit den Kindern darüber.

- In der Schule schreiben die Kinder zu jedem Buchstaben ihres Vornamens eine schöne Charaktereigenschaft, die zu ihnen paßt:

  Ruhig
  Obertoll
  Lustig
  Fleißig

- Jedes Kind fertigt ein Plakat oder eine Bildcollage mit seinen Lieblingsbeschäftigungen, Hobbys, Eigenheiten, Lieblingsfarben und Wünschen an.

- Die Kinder machen mit Händen und Füßen Gipsabdrücke oder Farbdrucke auf Papier. Lassen sich Unterschiede feststellen, erkennt jedes Kind seinen Abdruck wieder?
  Jedes Kind malt ein Mandala an. Wie verschieden sind die einzelnen Bilder?

Sich in andere hineinversetzen – Einfühlungsvermögen stärken

Auch Erwachsenen fällt es schwer, sich in andere hineinzuversetzen. Kinder haben damit noch größere Schwierigkeiten. Je mehr es ihnen jedoch gelingt, das Verhalten anderer Kinder zu begreifen, desto eher können sie Konflikte vermeiden. Die folgenden Spiele trainieren das Einfühlungsvermögen.

Gefühlsmasken:

Als Material benötigen Sie für jedes Kind eine große Papiertüte, Schere, Klebstoff, Buntstifte, Filzstifte, Tonpapier, Woll- und Stoffreste oder andere Materialien, um die Papiertüte zur Maske zu machen.

Stimmen Sie die Kinder darauf ein, daß wir alle zu unterschiedlichen Zeitpunkten verschiedene Gefühle haben und daß jedes Gefühl auch zu jedem Menschen gehört. Greifen Sie dabei aktuelle Stimmungslagen auf, vielleicht auch eine Auseinandersetzung.

Jedes Kind darf nun ein Gesicht auf die Papiertüte zeichnen, das seiner momentanen Stimmung entspricht oder ein gewünschtes Gefühl ausdrückt. Bei den Augen sollten Sie mithelfen, damit diese so sitzen, daß das Kind nach dem Ausschneiden durch sie hindurchsehen kann, wenn es die Papiertüte aufsetzt.

Wenn die Masken vollständig verziert sind, begegnet ein Kind dem nächsten mit seiner Maske. Dieses soll anschließend sagen, was es beim Anblick der Maske empfunden hat. Danach können sich auch die Künstler selbst zu ihrer Maske äußern: Warum habe ich so ein Gesicht gemacht? Welche Stimmung habe ich (als Gefühlsmaske)? Fühle ich mich damit wohl, geht es mir (als Maske) gut? Verstehen mich die anderen, verstehen sie mein Gefühl?

Ich sehe mit anderen Augen:

Wie sehen andere Menschen die Welt? Wir legen uns auf den Rücken und stellen uns vor, wir wären ein kleines Baby. Wie wirken die Gegenstände aus seiner Perspektive? Oder wir werden zu Erwachsenen und stellen uns auf einen Tisch. Wie verändert sich das Zimmer aus diesem Blickwinkel?

Komplimente:

Ablehnung und Mißtrauen sind der Zündstoff für konfliktgeladene Begegnungen. Ein kleines Spiel hilft, den anderen besser annehmen zu können, indem man seine guten Seiten hervorhebt. Die Kinder sitzen im Kreis und flüstern ihrem rechten Nachbarn ein Kompliment ins Ohr. In der Schule können die Komplimente auch in einen Briefumschlag gesteckt und zu Hause als angenehme Überraschung geöffnet werden.

Wie **fühle** ich mich?

Gefühle wahrnehmen und zeigen

Kinder sind intensiv mit der Entdeckung ihrer eigenen Identität beschäftigt. Sie wollen selbständig werden. Das Bedürfnis, sich und ihre Gefühle auszudrücken, ist dann besonders groß.

Wenn wir Kinder unterstützen wollen, ihre starken Emotionen nicht in Aggressionen umschlagen zu lassen, müssen wir ihnen helfen, ihre Gefühle wahrzunehmen, ihr Innenleben zum Ausdruck zu bringen. Wir müssen ihnen zeigen, daß wir ihre Gefühle ernst nehmen. Gegen die Außenwelt werden sie dann weniger unkontrolliert trotzen. Deshalb – aber auch weil Kinder ganz allgemein lernen müssen, mit ihren Gefühlen umzugehen – sollten wir die Elemente der Gefühlserziehung immer wieder in den Alltag mit Kindern einbauen. So entsteht unter den Kindern nicht nur ein natürlicherer Umgang mit Gefühlen, sondern auch wir bekommen einen besseren Einblick in die Stimmungslage der Gruppe und einzelner Kinder.

Gefühlsgesichter –
Wenn ich froh bin, will ich tanzen

Bereiten Sie Kärtchen vor, auf denen Gefühle notiert sind: freudig, zornig, traurig, ruhig, überrascht, ängstlich, wütend, entsetzt, ernst. Für kleinere Kinder, die noch nicht lesen können, eignen sich kleine Bildchen, die Sie daneben oder auf die Rückseite zeichnen.

Lassen Sie die Kinder die jeweiligen Kärtchen reihum betrachten. Dann sollen sie erzählen, was sie bei entsprechenden Empfindungen machen würden: „Wenn ich ... bin, dann würde ich am liebsten ...“

Schulkinder können das entsprechende Gefühl auch schon aufschreiben und notieren, wie sie dabei normalerweise oder am liebsten reagieren.

Gefühlskartei – Heute bin ich traurig

Zeichnen Sie die Gefühlsgesichter auf Kartonpapier und ordnen Sie sie in eine Kartei ein. Besonders im Kindergarten ist man ja täglich in der Position, zu fragen, was ein Kind „gerade hat". Oft bekommt man dann keine Antwort. Die Karten können dem Kind helfen, sich zuerst über seine eigene Stimmung klar zu werden, indem es das entsprechende Gesicht auswählt. Darauf können weitere Übungen aufbauen.

Was ich fühle – Gedichte und Lieder

Kinder können auch mit Gedichten auf friedliche Konflikt-lösungen aufmerksam gemacht werden. Wenn in Ihrer Klasse beispielsweise Kinder sind, die aus Unsicherheit und Angst aggressiv werden, ist folgendes Gedicht über Roland geeignet. Roland verrät seine Gefühle nicht. Da niemand weiß, wie es ihm geht, kann ihm auch niemand beistehen. Es betrifft aber auch Kinder, die unter der Aggression der anderen leiden und sich nicht trauen, darüber zu sprechen.

Wenn Roland friert, dann sagt er: „Mir ist kalt!"
Dann bekommt er einen Pulli.
Wenn Roland müde ist, dann sagt er: „Ich will schlafen!"
Dann bringt ihn seine Mutter ins Bett.
Wenn Roland hungrig ist, dann sagt er: „Ich habe Hunger."
Dann bekommt er etwas zu essen.
Aber wenn Roland wütend ist,
dann sagt er meistens nichts.
Auch wenn er auf jemanden ärgerlich und böse ist,
sagt er nichts.
Erst recht, wenn Roland Angst hat, sagt er – nichts.
Dann weiß niemand, warum Roland wütend ist,
warum er ärgerlich und böse ist,
warum er Angst hat.
Und niemand kann Roland helfen, trösten, verstehen.

Überlegen Sie mit den Kindern: Warum kann niemand Roland helfen? Was könnte Roland sagen, wenn er wütend und böse ist? Wie könnten wir ihm helfen? Was sagt ihr, wenn ihr wütend, verärgert oder ängstlich seid? Überlegt, was ihr sagen könnt, wenn euch jemand auf den Fuß tritt, schlägt, wenn ihr nicht ins Bett wollt oder eure Freunde euch nicht mitspielen lassen. Mit wem könnt ihr darüber sprechen?

Das folgende Lied ist eher für kleinere Kinder im Kindergarten geeignet. Sie sollen lernen, ihre Wut verbal zu äußern und nicht gleich mit Gewalt zu reagieren.

Wenn du zornig bist – ein Lied

Melodie: If you´re happy
1. Wenn du zornig bist, dann stampf fest mit dem Fuß.
(Kinder stampfen zweimal)
Wenn du zornig bist, dann stampf fest mit dem Fuß.
(Kinder stampfen zweimal)
Wenn du zornig bist, dann stampf fest, wenn du zornig bist, dann stampf fest.
Wenn du zornig bist, dann stampf fest mit dem Fuß.
(Kinder stampfen zweimal)
2. Wenn du glücklich bist, dann schrei doch laut hurrah!
(Kinder rufen hurrah!)
3. Wenn du hungrig bist, dann halte dir den Bauch.
(Kinder reiben sich den Bauch)
4. Wenn du fröhlich bist, dann spring mal in die Luft.
(Kinder springen in die Luft)
5. Wenn du einsam bist, dann such dir einen Freund.
(Kinder setzen sich zu einer Freundin, einem Freund)
6. Wenn du wütend bist, dann schlag dir in die Hand.
(Kinder schlagen sich mit einer Faust in die andere Hand)

Weitere Strophen werden gerne von den Kindern erfunden!

Wer klaut hier Nüsse?

Geschichten helfen

zu verstehen

Kinder brauchen Geschichten. Wenn sie, wie im Märchen, bildhaft und einfach sind, geben sie Kindern leicht verständliche Anregungen, wie sie sich in der Welt zurechtfinden. In den beiden ersten Kapiteln dieses Buches haben Sie eine Reihe von Geschichten kennengelernt, die als Gesprächseinstieg dienen und zur direkten Problemlösung beitragen. Die beiden folgenden Geschichten sprechen die Themen „Wut" und „Streit" allgemein an. Sie helfen Kindern, Zorngefühle zu verstehen und besser mit ihnen umzugehen. Sie können ihre Gefühle leichter annehmen und andere besser verstehen. Damit die Kinder die Möglichkeit haben, sich mit „Wut" und „Streit" auf distanziertere Weise auseinanderzusetzen, sollten Sie die folgenden Geschichten in entspannten Situationen erzählen.

Obwohl es schon längst Ende März ist, hat Annes Mutter noch einige leckere Weihnachtsnüsse übrig. Jetzt endlich bekommt Anne die restlichen Nüsse und teilt sie mit ihren beiden Freundinnen Lena und Clarissa. Zu dritt setzen sie sich auf die Gartenbank im Pavillon und teilen die Nüsse auf dem Tisch in drei gleich große Häufchen. Es geht genau auf: Jedes Mädchen bekommt zwölf Stück. Dann gehen sie auf den Spielplatz.

Als sie wieder zurück sind, fehlen vier von Annes Nüssen. Anne ärgert sich und schimpft mit ihren Freundinnen: „Habt ihr meine Nüsse aufgegessen? Ihr habt doch selber welche. Erst teile ich sie mit euch, und dann klaut ihr mir noch meine. Ihr seid gemein!" Lena und Clarissa beteuern ihre Unschuld. Aber Anne ist wütend und hat keine Lust mehr, mit ihren Freundinnen zu spielen.

Am nächsten Tag ist Annes Nußhäufchen völlig verschwunden. Jetzt wird Anne richtig wütend: „Ihr seid ja so gemein", ruft sie, „von euch will ich nichts mehr wissen." Laut schimpfend rennt sie ins Haus und läßt sich nicht mehr blicken. Lena und Clarissa schauen sich ratlos an. Sie wissen, daß sie die Nüsse nicht weggenommen haben. Aber wie sollen sie das ihrer Freundin beweisen?

Während die Mädchen noch unschlüssig am Gartenzaun stehen, entdeckt Lena ein Eichhörnchen. „Guck mal, Clarissa", flüstert sie und zeigt mit ihrem Arm in die Richtung, in die das Eichhörnchen davonspringt. Clarissa sieht es auch. Gerade rennt es flink in den Pavillon, springt auf den Gartentisch, packt eine Nuß und steckt sie ins Maul. Es frißt sie aber nicht, sondern rennt mit der Nuß wieder zum Blumenbeet und gräbt sie hastig ein.

„Es versteckt unsere Nüsse", ruft Lena laut. Erschrocken hört das Eichhörnchen auf zu graben und rennt schnell davon. Sofort laufen die beiden Kinder zu der Stelle im Blumenbeet. Tatsächlich! Sie finden die Nuß sofort. Nun laufen sie zum Gartentisch und entdecken, daß nur noch ein Nußhäufchen übriggeblieben ist.

„Das müssen wir Anne zeigen", ruft Clarissa aufgeregt. Die beiden Mädchen beeilen sich. So schnell sie können, laufen sie zu ihrer Freundin und erzählen ihr alles. Doch Anne ist immer noch wütend und beleidigt. Erst nach langem Zureden erklärt sie sich bereit, wenigstens in den Garten mitzugehen. Lena und Clarissa hoffen, daß das Eichhörnchen noch einmal zurückkommt.

Doch Pustekuchen! Das Eichhörnchen ist nicht zu sehen. Wütend schimpft Anne: „Ich habe ja von Anfang an nicht geglaubt, was ihr mir weismachen wollt. Ihr habt euch das Eichhörnchen nur ausgedacht, damit ich wieder mit euch spiele. Aber dazu habe ich nun erst recht keine Lust mehr, ihr Lügner!" Wütend schaut Anne ihre Freundinnen an.
„Halt", flüstert Clarissa plötzlich, „da ist es, guck mal!" Tatsächlich kommt das kleine rotbraune Eichhörnchen wieder angerannt. Es läuft geradewegs auf den Pavillon zu, springt wieder auf den Gartentisch, stopft sich mit den Vorderpfoten eine Nuß ins Maul und hüpft vom Tisch herunter. Dann rennt es hurtig ein paar Schritte weiter, genau auf die Mädchen zu, die jetzt ganz still hinter einem Strauch verborgen stehen.

Unter diesem Strauch buddelt das Eichhörnchen ein Loch und vergräbt die Nuß. Dann eilt es wieder zum Pavillon.

Anne macht ganz große Augen. Das hatte sie wirklich nicht geglaubt. Sie ist sprachlos. Alle möglichen Gedanken schwirren ihr durch den Kopf: „Das Eichhörnchen gibt es wirklich. Es vergräbt Nüsse. Lena und Clarissa haben die Nüsse nicht weggenommen. Ich war ungerecht."

Inzwischen hat das Eichhörnchen schon wieder eine Nuß im Garten vergraben.
„He", sagt Clarissa, „wenn wir nichts unternehmen, sind bald alle unsere Nüsse weg!" „Das macht doch nichts", meint Lena fröhlich, „Hauptsache, Anne hat gesehen, wie alles passiert ist!"
„Das habe ich", antwortet Anne, „es tut mir leid, daß ich euch beschuldigt habe. Entschuldigt bitte!"
„Ist schon in Ordnung", erwidert Clarissa. „Sind wir jetzt wieder Freundinnen?" fragt Anne. „Klar," meint Lena, „guck mal, jetzt hat unser Eichhörnchen die letzte Nuß geholt. Mal sehen, wo es die vergräbt!" Aber das kleine Tier hat ein Geräusch gehört und verschwindet mit der Nuß so schnell es kann in Nachbars Garten.
„Das muß ich meiner Mutter erzählen", sagt Anne aufgeregt, aber auch sehr erleichtert. „Sie war schon ganz beunruhigt, daß wir uns gestritten haben. Aber jetzt ist alles wieder in Ordnung. Zum Glück sind wir wieder Freundinnen." Gemeinsam gehen die drei Mädchen ins Haus, um der Mutter ihr Erlebnis mit dem Eichhörnchen und den geklauten Nüssen zu berichten.

Die kleine Grille

Auch die folgende Geschichte hat „Wut" und „Streit" zum Thema. Die Kinder können sie musikalisch begleiten. Das macht nicht nur Spaß, sondern verstärkt das Einfühlungsvermögen in die Akteure und in die Handlung. In der Geschichte geht es um eine kleine Grille, die in blindem Zorn Streit mit ihren Freunden anfängt und dadurch einsam wird. Schließlich merkt sie, daß die anderen sie mögen, auch wenn sie manchmal an ihr herumkritisieren. Die Geschichte eignet sich für eine Gruppe, in der sich Kinder gerne ärgern und sich einzelne schnell ausgeschlossen fühlen.

Kästchenhüpfen auf der großen Wiese spielt die kleine Grille für ihr Leben gerne. Spring, spring, spring, Beine auseinander, spring, drehen, auseinander, spring, spring, spring, und das Ganze von vorne, auf dem linken Bein, auf dem rechten Bein, spring, spring, spring, dann rückwärts ...

Alles klappt wie geplant. Doch auf einmal ruft eine andere Grille: „Du bist danebengetreten, ausgeschieden, ausgeschieden, Schluß, aus!" Die kleine Grille ist entsetzt – sie glaubt das nicht und protestiert: „Ich bin nicht über den Rand getreten. Du lügst!"

Da macht sich plötzlich eine andere Grille über sie lustig und versucht, sie zu ärgern: „Du kannst ja bloß nicht verlieren! Danebengetreten, danebengetreten!" Die kleine Grille wird fürchterlich wütend, stampft fest auf den Boden und schreit: „Mit euch spiele ich nicht mehr! Ich suche mir neue Freunde." Die anderen lachen noch mehr. Da springt die kleine Grille davon.

Sie springt, springt, springt. Nach einer langen Reise durch Wald und Wiesen ist sie sehr müde, gähnt, legt sich unter einen Baum und schläft ein. Sie wird durch ein quirliges Gerassel geweckt: Um sie herum wimmelt es von lauter bunten, rasselnden Käfern. Sie spielen mit einem Rasselball. Die kleine Grille versucht, sich unter die Rasselkäfer zu mischen und mitzuspielen. Aber die Rasselkäfer schauen nur ganz erstaunt auf die Grille und sagen: „Du gehörst nicht zu uns. Du hörst dich ja ganz anders an. Außerdem bist du nur grün." Sie rasseln weg zum nächsten Baum, um dort Rasselfußball zu spielen.

Die Grille ist enttäuscht und hüpft weiter. Den ganzen Tag sucht sie nach neuen Spielkameraden. Mittlerweile wird es dunkler und dunkler, bis die Nacht hereinbricht und der Sternenhimmel leuchtet. Da entdeckt sie lauter glühende Punkte und hört ein Schnurren. Sie nähert sich dem Geräusch und entdeckt mehrere Katzen, die miteinander spielen und schmusen. Da sich die Grille mittlerweile recht einsam fühlt, springt sie hinzu. Als eine Katze das entdeckt, leckt sie sich die Zunge und versucht, die Grille zu fangen. Die kleine Grille kann sich gerade noch durch einen Riesensatz retten und in einem hohlen Ast verstecken. Nein, zu den Katzen gehört sie wahrlich nicht. Mit ihnen zu spielen, ist ja lebensgefährlich. Die Grille hüpft von Ast zu Ast, immer höher. Es ist noch dunkle Nacht. Auf einem großen Blatt schläft sie nach der vielen Anstrengung ein.

Es zwitschert und die ersten Morgenstrahlen dringen zur Grille. Über ihr ist ein Vogelnest, und die Kleinen zwitschern sehr vergnügt. Die Grille hüpft in das Nest und fragt freundlich: „Hallo, guten Morgen, wollt ihr mit mir spielen?" Die Vögelchen zwitschern: „Aber gerne, spiel' mit uns! Wir machen gerade etwas Lustiges – Sturzfliegen." Ein junger Vogel schwingt sich aus dem Nest, scheint zu Boden zu fallen, bremst aber kurz vor dem kleinen Tümpel unter dem Baum ab, flattert los und fliegt elegant zum Nest zurück. Das machen auch die anderen, und als nur noch die Grille nicht geflogen ist, meint ein Piepmatz einfach: „Du bist dran", und stößt sie aus dem Nest. Die Grille fällt und fällt und fällt ... zum Glück nicht ganz so hart, denn sie landet im Wasser. Noch hat sie sich von dem Schreck nicht erholt, da blubbert es neben ihr. „Oh, schau mal, ein neuer Spielkamerad", meint der große Karpfen. „Komm, tauch mit uns." Er versucht, die Grille unter Wasser zu stupsen. Unter Hilferufen kann sie sich gerade noch auf ein Seerosenblatt retten. Jetzt weiß sie, daß sie hier nichts verloren hat. Sie will nur noch schnell heim und sehnt sich nach ihren Freunden.

Die zwei Klapperschlangen, um die sie einen großen Umweg machen muß, geben ihr den Rest. Mucksmäuschenstill schleicht sie vorbei und beginnt den langen Heimweg. Als sie erschöpft ankommt, sieht sie – nichts. Keiner spielt Kästchenhüpfen, niemand lacht. Betrübt setzt sie sich auf die große

Wiese. Da hört sie ganz weit weg und ganz leise ein Zirpen. Sie springt auf, hüpft in Windeseile dorthin und findet eine Grillenfreundin. Aber: Ist sie noch eine Freundin? Die andere kleine Grille ist sehr überrascht und freut sich: „Endlich, wir haben dich schon überall gesucht und uns Sorgen um dich gemacht." Da weiß die kleine Grille, daß ihre Freunde sie noch mögen, auch wenn sie sich öfter mal ärgern. Sie weiß aber auch, daß sie zu Hause über das alles reden muß, und es ist ihr sehr peinlich, daß sie so lange verschwunden war – nur wegen eines Streites. Aber zuerst darf sie alles erzählen, von Wald und Wiesen, den Rasselkäfern mit dem Rasselball, der dunklen Nacht, dem Schnurren, den glühenden Katzenaugen und den gefährlichen Katzenpfoten, den Vögelchen, dem Tümpel mit dem Karpfen, von Sonne und Wind, den Klapperschlangen ... und davon, wie einsam sie sich gefühlt hat.

Sobald beim Vorlesen der Geschichte ein Tier auftaucht, ahmen es die Kinder mit einem Ton ihrer Instrumente oder einfach mit ihrer Stimme nach. Das Lachen der Grillen, das Fliegensummen oder das Rasseln der Käfer können so dargestellt werden. Lassen Sie die Kinder die passenden Instrumente und Geräuschmaschinen entwickeln, beispielsweise:

- 🔶 zwei aufeinander geschlagene Kochlöffel für das Springen der Grillen,
- 🔶 eine Sirene für das Entsetzen und Erschrecken der Grille,
- 🔶 ein Ratschkamm oder Dosenscheppern für das Lachen,
- 🔶 Blätter- oder Papierrascheln für Wald und Wiesen,
- 🔶 ein Naglophon für die Nacht,
- 🔶 ein Ratschkamm für das Katzenschnurren,
- 🔶 ein Wassereimer für den Tümpel,
- 🔶 aufeinandergeschlagene Nägel oder Gläserklirren für die Sonne,
- 🔶 ein Schlauch, der im Kreis geschwungen wird, für den Wind.

Hahnenkampf und Löwenbändiger

Rücksicht nehmen im Spiel

Kleine Kinder sind von Natur aus egozentrisch. Das ist keine grundlegend schlechte Charaktereigenschaft. Sie haben einfach noch nicht gelernt, sich in andere hineinzuversetzen. Dies verursacht immer wieder heftige Auseinandersetzungen, da die Kinder nicht auf die Idee kommen, daß ihre Spielkameraden andere Interessen, Meinungen und Bedürfnisse haben. Erst mit den Jahren entwickeln sie ein soziales Einfühlungsvermögen und lernen, auf andere Rücksicht zu nehmen. Die folgenden Spiele fördern das gegenseitige Verständnis, die Hilfsbereitschaft und das Mitgefühl – Grundvoraussetzungen sozialer Beziehungen. Sie sollten diese Spiele deshalb immer wieder durchführen.

Hahnenkampf – Kämpfen nach Regeln

Kinder müssen sich mit anderen messen. In der Auseinandersetzung entwickeln sie ein Gespür für ihre Stärken und Schwächen. Doch in jedem Wettstreit gibt es klare Spielregeln. Die wichtigste lautet, seine Kräfte nie rücksichtslos einzusetzen. Beim Hahnenkampf verschränken zwei Kinder die Arme vor der Brust und hüpfen auf einem Bein. Nun versuchen sie sich gegenseitig aus dem Gleichgewicht zu bringen. Sie schubsen sich, ohne sich weh zu tun. Wer zuerst mit beiden Beinen den Boden berührt, hat verloren.

Der Tausendfüßler – sich aufeinander einstellen

Es fällt nicht immer leicht, sich auf andere einzustellen. Schauen wir mal, wie lange der Tausendfüßler braucht, bis seine vielen Füße gleich-

mäßig marschieren. Die Kinder fassen sich an den Schultern und bilden einen Tausendfüßler. Die lange Schlange läuft im Zickzack durch alle Zimmer. Die Kinder müssen sich gut aufeinander einstellen, da sie ziemlich eng hintereinander laufen und im Takt gehen müssen. Das ist vor allem dann schwierig, wenn der Tausendfüßler unter Tischen und über Stühle krabbelt.

Schaufensterpuppen – gemeinsam ans Ziel

Um eine Aufgabe gemeinsam zu lösen, müssen wir uns vorher gut absprechen. Ein paar Freiwillige legen sich auf den Boden. Sie stellen wertvolle Schaufensterpuppen dar, die in den Ausstellungsraum transportiert werden müssen. Einige Kinder sollen diese Aufgabe gemeinsam übernehmen. Am besten einigen sie sich erst, wie man die Puppe trägt, damit sie keine Schramme bekommt.

Löwenbändiger – sich verstehen

Es ist nicht immer leicht, die Äußerungen seines Gegenübers zu verstehen. Dann müssen wir auch genau auf seine Körperhaltung und Mimik achten. Ein Kind spielt den Löwenbändiger, vier bis fünf Mitspieler die Löwen.
Die Tiere verstehen die Menschensprache nicht und reagieren nicht auf Kommandos, sondern nur auf Gesten. Der Dompteur muß durch Zeichen und Bewegungen den Löwen zu verstehen geben, was er möchte. Die Löwen müssen also gut aufpassen und ihn genau beobachten.

Schiffe im Nebel – den richtigen Weg zeigen

Wenn sich jemand nicht mehr zurechtfindet, müssen wir ihm helfen. Immer zwei oder drei Kinder halten sich an den Händen und bilden so ein Boot, das auf dem offenen Meer treibt. Es herrscht dichter Nebel, und die Mannschaft kann nichts sehen. Den Kindern werden deshalb die Augen verbunden.

Die anderen Kinder stellen sich paarweise in verschiedene Ecken des Zimmers. Sie ahmen mit lautem Tuten Nebelhörner nach und zeigen den Schiffen so den Weg in die sicheren Häfen. Erlöst ist, wer nacheinander die einzelnen Häfen erreicht hat.

Die enge Gasse – anderen Unterstützung anbieten

Es tut gut, wenn man sich auf die Unterstützung der anderen verlassen kann. Wieder werden ein paar Kindern die Augen verbunden. Die übrigen Kinder stellen sich in zwei Reihen und bilden eine Gasse. Die „Blinden" müssen nun durch die enge Gasse gehen, ohne andauernd anzustoßen. Durch Rufen und andere Geräusche werden sie zum Ziel geführt.

Der starke August – die eigene Kraft mit Rücksicht einsetzen

Hier dürfen die Starken zeigen, was sie können, müssen dabei aber dennoch Rücksicht auf einen schwächeren Mitspieler nehmen.
Immer ein kräftiges und ein kleines Kind bilden ein Paar. Die Kinder dürfen selber aussuchen, was sie darstellen, und verschiedene Kunststücke vorführen: ein großer und ein kleiner Turm, zwei Akrobaten, zwei Tiere.
Beim Flieger liegt ein Kind auf dem Rücken, die Beine sind in der Luft angewinkelt. Der Partner stellt sich vor seine Füße und legt seinen Oberkörper auf die Unterschenkel. Beide Kinder halten sich an den Händen. Das untere Kind hebt das obere mit den Beinen in die Luft, indem es die Unterschenkel waagrecht hält. Wenn sie sich sicher fühlen, können sie die Hände loslassen.

Ich wär so gern ein Tiger

Rollenspiele bieten Alternativen

Kinder verkleiden sich gerne, weil sie dabei in andere Rollen schlüpfen können. Im Nachempfinden von Alltagssituationen, Märchen oder Geschichten leben sie Wünsche, Konflikte oder Ängste spielerisch aus und verarbeiten sie dadurch. Sie können unverbindlich Verhaltensweisen ausprobieren und trainieren, die unkontrollierten Wutausbrüchen vorbeugen. In Rollenspielen können Kinder lernen, daß auch Streitereien und Auseinandersetzungen nach bestimmten Regeln ausgefochten werden müssen. Lassen Sie die Kinder im Spiel ruhig auch die Schlichterrolle einnehmen. Wenn Kinder sich mit den aggressiven Konflikten anderer befassen müssen, merken sie, wie klar zwischen ungerechtfertigten Vorwürfen und berechtigten Anschuldigungen getrennt werden muß. Zudem verstärkt das gemeinsame Rollenspiel das Gruppengefühl. Beobachten Sie die Kinder bei den Spielen: Sie erfahren dadurch sehr viel über ihre Stimmungen, Gefühle und Fähigkeiten. Bevor Sie aber echte Streitsituationen aufgreifen, beginnen Sie – vor allem bei den Kleinen und bei in Rollenspielen ungeübten Kindern – mit einfachen Übungen.

Hinter dem Vorhang – Schattenspiele machen mutig

Vor dem Publikum geschützt durch ein weißes Laken, sind auch zaghafte Kinder beim Rollenspiel mutig. Sie dürfen Schattenspiele vor einer hellen Lampe oder einem Diaprojektor vorführen. Für die Darsteller ist es schön, wenn Sie die Darbietungen filmen, so daß sie sich hinterher selbst sehen können. Sie können auch Fotos machen, die vergrößert an die Wand geheftet werden. Überlegen Sie vorher mit den Kindern, was sie spielen möchten:

- Szenen aus dem Alltag
- einen Boxkampf
- ein Ratespiel, bei dem die Kinder erkennen müssen, was dargestellt wird
- verschiedene Posen, etwa einen Krieger, einen Angsthasen oder einen Verzweifelten
- momentane Streitereien in der Gruppe oder Stimmungen eines Kindes, das wütend ist oder unter dem Zorn eines anderen Kindes zu leiden hat

Der Kuckuck und der Esel – spielend versöhnen

Wenn in einer Kindergruppe gestritten wird, sollten die Kinder lernen, daß man sich auch wieder versöhnen sollte. Singen und spielen Sie mit den Kindern das „Lied vom Kuckuck und Esel", in dem sich die Tiere gegenseitig übertreffen wollen und schließlich doch Freunde werden. Jedes Kind darf ein Tier darstellen und mit dem anderen in einen Wettstreit treten. Das Spiel wird noch lebendiger, wenn sich die Kinder schminken und verkleiden. Welche Tiere könnten noch miteinander streiten, und wie würden sie sich bewegen und singen?

Der Kuckuck und der Esel,
(Kuckuck schlägt mit den Flügeln, der Esel steht
auf allen Vieren und bewegt den Kopf)
die hatten einen Streit.
Wer wohl am besten sänge, wer wohl am besten sänge,
(die beiden schauen sich grimmig an)
zur schönen Maienzeit, zur schönen Maienzeit.

Der Kuckuck sprach, „Das kann ich",
(mit lauter Stimme)
und fing gleich an zu schrei'n.
(leise: Kuckuck, kuckuck)
„Ich aber kann es besser.
Ich aber kann es besser",
(Esel mit lauter Stimme)
fiel gleich der Esel ein, fiel gleich der Esel ein.

Das klang so schön und lieblich.
So schön von fern und nah.
(Esel und Kuckuck kommen einander näher und
lächeln sich an. Sie singen leise „Kuckuck und iah")
Sie sangen alle beide. Sie sangen alle beide.
„Kuckuck, kuckuck, iah, iah.
Kuckuck, kuckuck, iah".
(Kuckuck und Esel singen und tanzen miteinander)

Anschließend kuscheln sie sich gemeinsam an einen Platz. Für die folgenden Strophen gelten die gleichen Spielanweisungen.

Ein Hund und eine Katze
die hatten einen Streit.
(Hund knurrt, Katze faucht)
Wer wohl am besten sänge,
wer wohl am besten sänge,
zur schönen Maienzeit, zur schönen Maienzeit.

Der Hund der sprach „Das kann ich"
und fing gleich an zu schrei'n.
„Ich aber kann es besser.
Ich aber kann es besser",
fiel gleich die Katze ein,
fiel gleich die Katze ein.

Das klang so schön und lieblich.
So schön von fern und nah.
Sie sangen alle beide.
Sie sangen alle beide.
„Wau-wau, wau-wau, miau, miau.
Wau-wau, wau-wau, miau."

Hund und Katze kuscheln sich zu Kuckuck und Esel.

Ein Uhu und ein Schweinchen …

Am Schluß sitzen alle Tiere eng beieinander. Dann springen sie auf, singen und tanzen. Schließlich fassen sie sich bei den Händen und drehen sich im Kreis.

Was mir gut tut

Entspannung für Konflikte üben

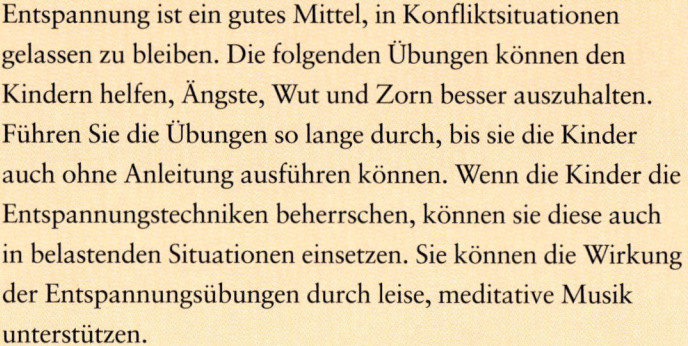

Entspannung ist ein gutes Mittel, in Konfliktsituationen gelassen zu bleiben. Die folgenden Übungen können den Kindern helfen, Ängste, Wut und Zorn besser auszuhalten. Führen Sie die Übungen so lange durch, bis sie die Kinder auch ohne Anleitung ausführen können. Wenn die Kinder die Entspannungstechniken beherrschen, können sie diese auch in belastenden Situationen einsetzen. Sie können die Wirkung der Entspannungsübungen durch leise, meditative Musik unterstützen.

Bis 10 zählen

Das Kind ballt die rechte Hand zur Faust, winkelt den Arm an und spannt alle Muskeln von den Fingerspitzen bis zur Schulter an, während Sie bis 10 zählen. Geben Sie mit ruhiger Stimme die Anweisungen: „1, 2, jetzt langsam anspannen, 3, 4, 5, immer fester, 6, 7, 8 noch stärker, 9 und 10, kurz die Spannung halten." Dann zählen Sie rückwärts bis eins, während das Kind die Spannung löst. Der Arm fällt locker nach unten.
Anschließend wird die Übung mit dem linken Arm und mit beiden Armen wiederholt. Diese Übung kann mehrmals hintereinander sowie in der gleichen Form auch mit den Beinen ausgeführt werden.

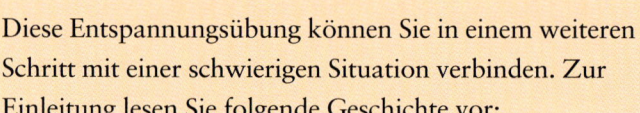

Die Variante – für den Ernstfall

Diese Entspannungsübung können Sie in einem weiteren Schritt mit einer schwierigen Situation verbinden. Zur Einleitung lesen Sie folgende Geschichte vor:
„Stell dir einen Jungen vor, der dich und andere Kinder immer wieder ärgert. Du stellst dir folgendes vor: Da vorne kommt er. Gleich wird er mich wieder ärgern, aber dieses Mal bleibe ich ganz ruhig. Jetzt fängt er an, mich zu beleidigen. Er will, daß ich mich ärgere. Aber ich bleibe ruhig, auch wenn er mich beleidigt. Jetzt beschimpft er mich auch noch. Da wende ich die Entspannungsübung an, die ich gelernt habe: Durchatmen, zählen, entspannen! Gut gemacht! Ich bin fast gar nicht wütend geworden. Das nächste Mal werde ich noch gelassener bleiben."
Sie können während der Übung natürlich jeden echten Konflikt beschreiben. Rufen Sie dem betroffenen Kind diese Situation in Erinnerung, und üben Sie mit ihm unter Zuhilfenahme der Entspannungsübung, trotz des belastenden Themas ruhig zu bleiben. Anschließend können Sie im gemeinsamen Gespräch verschiedene Lösungen für diese Situation finden.

- Erzeugen Sie durch eine Geschichte angenehme Bilder, etwa: „Du liegst ruhig und entspannt auf einer schönen Wiese. Die Sonne wärmt dich. Du träumst vor dich hin ...". Der Traum entführt die Kinder in eine schöne Phantasiewelt.
- Erzählen Sie von einer Landschaft, einem freundlichen Menschen oder einer Situation, die die Kinder mögen. Sie können auch ein harmonisches Stimmungsbild erzeugen: „Du fährst auf einem schönen Schiff über den Ozean ..."
- Bringen Sie die Kinder dazu, ruhig durchzuatmen. Atmen Sie in ihrem Tempo mit. Dadurch beruhigt sich der Herzschlag, der Körper entkrampft sich. Sie können auch zwei Minuten lang die Zeit stoppen: vier Sekunden einatmen, vier Sekunden die Luft anhalten, vier Sekunden ausatmen.
- Sagen Sie Sätze, die den Kindern aus anderen Situationen vertraut sind. Das können Sprichworte und Merksätze sein, oder die Anfänge einer Traumreise oder Klangmeditation, die Sie öfter erzählen.

Ich stelle mir vor – Vorstellungsübungen gegen Streß

Angenehme Vorstellungen entspannen und geben neue Kraft. Kindern können wir mit schönen Bildern angenehme Gefühle vermitteln und so für eine rasche Lockerung der Körperspannung sorgen. Wählen Sie eine Ausgangssituation, die den Kindern vertraut ist: Das Schaukeln in einer Hängematte, ein warmer Sonnentag am Strand oder ein gemütlicher Morgen im Bett. Positive Vorstellungen, die uns entspannen, sind gute Gegenmittel gegen Streßmomente.

Bevor Sie beginnen, denken Sie daran: Positive Vorstellungen werden auch von der Umgebung beeinflußt. Achten Sie bei den Kindern deshalb auf eine harmonische und freundlich gestaltete Umgebung. Wenn nötig, verdunkeln Sie den Raum. Vielleicht haben Sie auch Matratzen oder Decken, auf die sich die Kinder legen können, um zu entspannen. Bei den Vorstellungsübungen sollten Sie noch folgendes bedenken:

Merksprüche

Positive Merksprüche, die gedacht oder leise wiederholt werden, ändern unbewußt die Einstellung:
Ich bin ganz mutig und sicher.
Ich kann, wenn ich will.
Ich atme ein und aus,
erst dann laß ich die Wut heraus.
Auch bei der größten Wut
behalt ich ruhiges Blut.

Der **Ton** macht die **Musik**

Klangmeditationen als Schlüssel zu guten Gefühlen

Musik beruhigt und kann auch aufgebrachte Kinder in eine angenehme Stimmung versetzen. Beruhigende Klangmeditationen können ohne viel Aufwand und ohne große Musikkenntnisse mit einfachen Instrumenten erzeugt werden. Es genügt, wenn Sie mit einem Gong oder einer Trommel einen monotonen Rhythmus schlagen oder auf einer Gitarre einen Ton oder einen Akkord anstimmen. Sie können aber auch die Kinder mit einbeziehen, indem alle beim Ausatmen einen langen Vokal anstimmen.

Töne sind, im Gegensatz zu einem Gemälde oder einer Skulptur, nur für den Moment bestimmt und vergänglich. Sie zwingen uns daher zum aufmerksamen Zuhören. Unruhige Kinder finden Ruhe, da sie sich ganz auf die Klänge konzentrieren müssen und dabei das Vorher oder Nachher vergessen. Sind sie wütend, nützen Worte häufig wenig. Die Musik dagegen kann die seelischen Trotzmauern durchdringen und zum Einsturz bringen.

Deshalb sind gerade Klangmeditationen für die Momente geeignet, in denen Sie spüren, daß es in der Gruppe zu brodeln beginnt. So können Sie spannungsgeladene Situationen in eine entspannte Atmosphäre verwandeln.

Anwendung von Klangmeditationen

Bei Klangmeditationen liegen die Teilnehmer in der Regel auf dem Rücken. Die Übungen sollten bei Kindern etwa 15 Minuten dauern, können aber auch länger sein. Die Dauer hängt von der Stimmung der Kinder und von der Länge der Geschichte ab, die Sie währenddessen eventuell erzählen. Statt irgendwelcher Tonkonserven sollten lieber Instrumente benutzt werden. Sie können sich dann flexibel auf die jeweilige Stimmung der Kinder einstellen. Bei der Klangmeditation kommt es auf einen vollen, kräftigen Klang an, der sich in der Lautstärke, Tonhöhe, Klangfarbe und im Rhythmus nur wenig verändert.

Instrumente für die Klangmeditation:

- Beim Monochord sind alle Saiten auf die gleiche Tonhöhe gestimmt. Der Klang wird durch die Anschlaggeschwindigkeit und die Griffhöhe verändert. Durch die Überlagerung der Saitenschwingungen entsteht ein intensiver Klang.
- Das Regenrohr ist ein indianisches Instrument aus einem ausgehöhlten Holz. In ihm befinden sich Getreidekörner, die beim Drehen des Instruments ein regenähnliches Geräusch erzeugen. Man kann auch eine Postversandhülse mit Langkornreis füllen, an den Enden verschließen und Nägel hineinstecken, die beim Drehen das Herunterfallen der Körner verzögern.
- Rasseln kann man in jedem Musikladen kaufen. Indianische Rasseln sind am besten geeignet.
- Bei einer weich gespannten Rahmentrommel oder einer irischen Bodhran verändern Sie die Stimmung durch Takt, Rhythmus, Betonung und Tonhöhe.
- Bei dem großen, frei hängenden Gong verändern sich die Obertöne durch schnelles, rhythmisches Schlagen. Sie sollten das Instrument wegen seiner eindrucksvollen Wirkung nur benutzen, wenn die Kinder schon Erfahrungen mit Klangmeditationen gemacht haben.
- Das schönste Instrument der australischen Aborigines, das Didjeridoo, ist schwierig zu spielen, wegen seines vollen Klangs aber um so eindrucksvoller.

Der Ausdruck mancher Instrumente kann je nach Stimmungslage beängstigend sein und belastende Phantasien hervorrufen. Erklären Sie den Kindern deshalb vor der Klangmeditation, daß sie jederzeit leise den Raum verlassen dürfen, falls sie sich nicht wohl fühlen. Fragen Sie die Kinder später unbedingt,

warum sie sich unwohl gefühlt haben. Wie bei den Traumreisen sollten Sie die Kinder einschätzen können, wenn Sie eine Klangmeditation machen wollen. Genauso wichtig ist zudem eine vertraute Umgebung, in der sich die Kinder geborgen und sicher fühlen. Kinder lassen sich leichter beeinflussen als Erwachsene. Um so wichtiger ist es, daß die meditativen Übungen positive Stimmungen wie Freude, Selbstvertrauen und Zuversicht vermitteln. Entwickeln Sie die Meditation von der Beruhigungsphase an über die Gelöstheit bis hin zur Entspannung. Folgende Gefühle und Empfindungen können Sie dabei in Verbindung mit bestimmten Körperteilen ansprechen:

Du bist vollkommen ruhig.
Deine Arme, deine Beine sind schwer.
Dein Körper fühlt sich warm an.
Du atmest ganz ruhig, beobachtest, wie der Atem
    in dich hineinströmt.
Dein Herz schlägt ruhig.
Dein Bauch fühlt sich warm an.

Bei einer Klangmeditation sind einleitende Worte manchmal hilfreich, um Kinder auf die Ruhephase einzustimmen: „Leg dich nun entspannt auf den Rücken ... Damit es dir nicht kalt wird, solltest du dich mit einer Decke zudecken ... Mach es dir so bequem wie möglich ... Und noch ein bißchen bequemer ... Die Arme liegen neben dem Körper, die Handflächen zeigen nach oben ... Spüre, wie dein Atem kommt und geht." Wenn die Musik beendet ist, sollten die Kinder noch eine Weile liegenbleiben. Sie können das Ende der Meditation mit einem kleinen Gong oder einem Glöckchen signalisieren. Bereiten Sie die Kinder dann mit ruhiger Stimme auf das Aufstehen vor: „Bewegt langsam eure Arme und Beine, spürt, wie ihr auf dem Boden liegt. Öffnet dann langsam eure Augen, schaut um euch. Richtet euch dann langsam auf."

Den inneren Bildern folgen

Traumreisen zeigen neue Wege

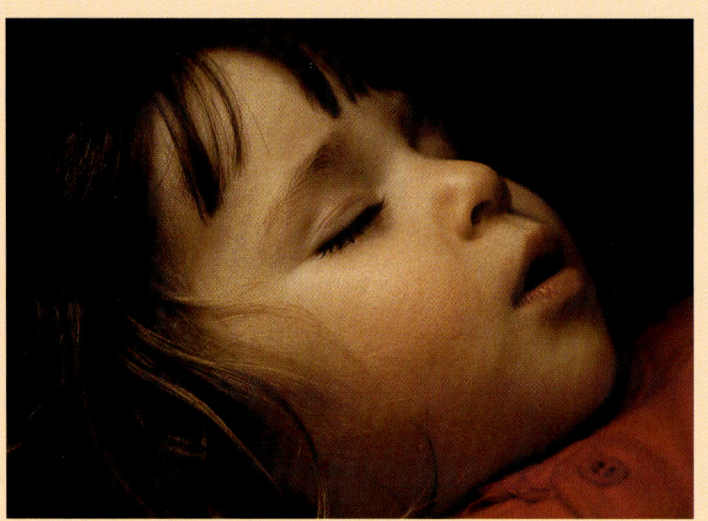

besser zu lösen. Denn jede Traumreise regt auch intensiv die Sinnes- und Gefühlswelt der Kinder an. Wenn Sie danach mit den Kindern über ihre Traumbilder sprechen, werden Sie überrascht sein, was die Kinder alles erlebt haben. Deshalb finden Sie im folgenden Traumreisen, die Sie zur Entspannung vor Konflikten einsetzen, aber auch einige, die Sie nach einem Streit mit den Beteiligten durchführen können. Traumreisen sollten von Entspannungsmusik untermalt sein. Die Musiktitel geben häufig einen Hinweis auf das Thema einer Traumreise wie Wald, Meer, Nebel, Sonnenaufgang oder Regenbogen. Geeignet sind auch Naturgeräusche wie Vogelstimmen oder Walgesang. Vor der Reise sollten Sie das Musikstück anhören und sich den Text dazu aufschreiben.

Wenn Kinder spielen, können wir sehen, welche Phantasien in ihnen stecken. Auch mit Traumreisen können wir Kinder in ihre innere Phantasiewelt eintauchen lassen. Sie entdecken dabei eigene Vorstellungen und erfahren sich selbst. Allgemein helfen Traumreisen, sich zu entspannen. Schon allein deshalb sind sie richtige Mittel zur Prävention. Sie können sie immer dann einsetzen, wenn sich in der Gruppe die Wut anbahnt. Manche Traumreisen leisten aber noch mehr. Wenn Sie Konfliktthemen aufnehmen, können Kinder mit ihrer Hilfe Wege finden, mit Wut und Streit besser umzugehen sowie Konflikte

- Stellen Sie Decken und Kissen bereit, damit die Kinder sich hinlegen und es sich bequem machen können.
- Kinder sollten freiwillig an den Traumreisen teilnehmen. Sie können sich sonst nicht hineinfühlen.
- Holen Sie die Kinder nach jeder Traumreise wieder in die Realität zurück, indem Sie die Reise klar beenden.
- In der Schule können die Kinder ihre Arme auf dem Tisch verschränken und den Kopf darauf legen.

Die kleinen Lämmchen

Wenn Sie spüren, daß Spannungen in der Gruppe entstehen, die drohen, in Aggressionen umzuschlagen, können Sie dem mit der folgenden Traumreise begegnen. Denn Aggression ist auch Anspannung. Indem Sie die Kinder aber auf den Weg der Entspannung führen, können Sie den drohenden Konflikt kurzfristig entschärfen.

Thema: sich entspannen, zur Ruhe finden
Alter: vier bis sieben Jahre

Ab und zu haben wir so ein kribbeliges Gefühl in unserem Bauch. Wir sind unruhig und wissen nicht, was wir tun können. Bei einem Spaziergang können wir wieder zur Ruhe finden. Hast du Lust dazu? Dann geh' mit mir auf die Traumreise …
Es ist noch früh am Morgen. Die Sonne geht gerade auf. Ihre Strahlen durchdringen sanft den Nebel … Du spürst die Wärme der Sonne und einen leichten Windhauch auf deiner Haut … Du stehst auf einer grünen Wiese mit vielen bunten Blumen … Wie gut das duftet … Du atmest tief ein und aus …
Aus der Ferne hörst du ein leises Klingeln … Du gehst in die Richtung, aus der der Klang kommt … Jetzt wird er immer deutlicher … Du hörst das Klingeln vieler kleiner Glöckchen … Am Rand der Wiese, in der Nähe eines Waldes, erkennst du einen Schäfer mit seiner Herde … Viele kleine Lämmer sind darunter, die Glöckchen tragen …
Der Schäfer winkt dir fröhlich zu … Du läufst zu ihm … Der Schäfer ist sehr freundlich, und du darfst ein Lämmchen streicheln … Es ist ganz weich und warm … Du spürst sein Atmen … Du umarmst es ganz fest …
Als du es losläßt, läuft es davon … Du gehst hinterher … Nachdem du eine Weile gelaufen bist, hörst du das Plätschern eines Baches … Du kommst an einen Steg und schaust in das Wasser … Auf dem Boden erkennst du lauter runde Kieselsteine … Du setzt dich auf den Steg und läßt die Beine im Wasser baumeln … Es ist angenehm kühl … Du plätscherst ein bißchen mit deinen Zehen …
Nun legst du dich auf den Steg … Du spürst das warme Holz … Du merkst, daß du von deiner Wanderung etwas müde geworden bist … Du schließt die Augen … Du spürst, wie deine Arme und Beine schwer werden … Du atmest ruhig und tief … Ruhe dich einen Moment aus …
Du kommst nun langsam zurück … spürst wieder deinen Atem … Du kommst zurück, räkelst deine Arme und Beine … Nun fühlst du dich frisch und entspannt.

Auswertung: Wie hast du dich gefühlt? Was hat dir am besten gefallen? Hat dich die Reise an etwas erinnert?

Ich bin nicht mehr sauer

Diese Traumreise hilft, eine Aussprache vorzubereiten, wenn sich ein Kind über ein anderes beschwert. Achten Sie darauf: Ist das Kind noch zornig, muß es sich zuerst beruhigen. Nehmen Sie es in den Arm und bieten Sie ihm eine der Übungen zum Dampfablassen aus den vorherigen Kapiteln an.

Thema: sich versöhnen, nicht mehr sauer sein
Alter: fünf bis acht Jahre

Manchmal sind wir ziemlich wütend auf andere, streiten uns, hauen uns vielleicht sogar … Wenn uns ein anderer geärgert hat, dann kann das schon richtig zornig machen. Oft sind es sogar gute Freunde, mit denen wir streiten. Eigentlich wünschen wir uns aber, daß wir uns wieder vertragen.
Mach' es dir nun ganz bequem, fühle deinen Atem und versuche zu spüren, was ich erzähle …
Du liegst auf einer schönen Wiese … Du siehst viele Blumen … Die Sonne wärmt dich, Bienen summen leise … Über dir erstreckt sich der blaue Himmel … Du setzt dich hin und weißt, daß du hier sicher bist … Du fühlst dich gut …

Jetzt spürst du, daß jemand kommt, auf den du wütend oder zornig bist ... Du stellst dir die Person genau vor ... es ist jemand, der dir weh getan und dich beschimpft hat ... Du spürst den Ärger ... Du spürst aber auch, daß du den anderen gerne magst ... daß du dich eigentlich gar nicht mit ihm streiten willst ... Langsam ... ganz langsam geht die Wut aus dir heraus ... Du spürst, wie sie aus deinem Bauch in deine Arme und Beine wandert ... und über deine Finger und Fußspitzen dich schließlich ganz verläßt ... Jetzt fühlst du dich wohler ... Nun stellst du dir vor, daß ihr euch wieder gut versteht ... Die Person, auf die du zornig warst, geht auf dich zu, und ihr freut euch beide, daß ihr euch trefft ... Auch du kannst versuchen, dich der Person zu nähern, ihr begrüßt euch, und vielleicht gibst du ihr sogar die Hand ...

Du spürst noch eine Weile die Wärme und Freundschaft, du fühlst dich wohl ... Und nun ganz langsam spürst du deinen Atem, du atmest tief durch ... Du bewegst langsam deine Beine, fühlst dich geborgen ... Du kommst nun langsam zurück ... spürst wieder deinen Atem ... Du kommst zurück, räkelst deine Arme und Beine ... Nun öffnest du die Augen und weißt, daß du jemanden hast, mit dem du reden kannst.

Auswertung: Hast du es geschafft, nicht mehr sauer zu sein? Wie ging es dir damit? Gibt es Situationen, in denen man nicht so leicht verzeihen sollte? Wie kann ich diese Traumreise einsetzen oder mich daran erinnern, wenn ich wütend bin?

Mein unsichtbarer Freund

Diese Traumreise kann Kindern helfen, die im Alltag immer wieder geärgert werden, den Ärger in den Griff zu bekommen.
Thema: Geborgenheit; uns jemandem anvertrauen können, wenn wir enttäuscht sind; dabei eigene Bedürfnisse spüren
Musik: ruhig, klar
Alter: vier bis acht Jahre

Wenn wir ärgerlich sind, wissen wir oft nicht, wem wir das erzählen können. Jetzt lernst du einen guten Freund kennen, mit dem du reden kannst, der dich versteht und dir nahe ist. Er schimpft nicht. Er hört dir zu, wenn dich etwas bedrückt... Stell dir vor, du kommst nach Hause und hast dich fürchterlich über etwas oder jemanden geärgert ... Du bist so richtig sauer ... Nun gehst du in dein Zimmer und schaust dich um ... Du legst dich hin ... Noch immer bist du gekränkt, sauer ... Jetzt stellst du dir einen Menschen vor, den du sehr gerne hast ... Du denkst ganz fest an ihn, spürst ihn ganz nahe .... Die Tür zu deinem Zimmer öffnet sich leise ... Dein Freund tritt ein und setzt sich zu dir ... Du fühlst dich wohl in seiner Nähe und weißt, daß er dich versteht ...

Ihr schaut euch lange in die Augen und dein Freund weiß sofort, was dich bewegt ... Er weiß, warum du wütend bist ... Und jetzt erzählst du ihm deinen ganzen Ärger und deine Wut ... in allen Einzelheiten ... Dein Freund hört dir zu und hilft dir ... Du kannst nun alles besprechen ...

Ihr redet auch darüber, wie du es vermeiden kannst, so wütend zu werden, daß du fast platzt ... Du erinnerst dich dabei an das, was du schon im Kindergarten (in der Schule) besprochen hast, was du tun kannst, wenn du wütend bist ... Dein Freund hört dir geduldig zu ... Du machst die Augen zu und fühlst dich erleichtert ...

Du spürst noch eine Zeit lang die Wärme und die Freundschaft, du fühlst dich wohl ... Und nun spürst du deinen Atem, atmest tief durch ... Du bewegst langsam deine Beine, fühlst dich geborgen ... Jetzt bewegst du deine Finger und Arme, bleibst noch liegen, erinnerst dich, wer neben dir saß und dich verstanden hat ...

Du kommst nun langsam zurück ... spürst wieder deinen Atem ... räkelst deine Arme und Beine ... Nun öffnest du die Augen und weißt, daß du jemanden hast, mit dem du immer reden kannst und der dir helfen wird.

Auswertung: War es einfach, der Person alles zu erzählen? Auf was warst du wütend oder sauer? Was hat dir geholfen? Gibt es etwas, wobei dir ein anderer helfen soll?

Hinweis: Halten Sie an den Stellen, an denen sich das Kind bei seinem Freund „aussprechen" soll, möglichst lange Pausen ein. Voraussetzung für diese Traumreise ist, daß Hilfestellungen zum Umgang mit Wut und Aggression schon erarbeitet und besprochen wurden. Die Kinder erhalten dadurch leichter Tips von dem geheimen Freund.

Reise durch den Körper

Kinder, die sich selbst nicht annehmen und daher manchmal körperlich aggressiv werden, können mit dieser Traumreise zur Ruhe kommen. Sie nimmt Elemente des Autogenen Trainings auf und hilft so, ein Gefühl für den Körper zu entwickeln. Das Körperbefinden und Selbstbewußtsein der Teilnehmer werden dadurch gestärkt.

Thema: sich selbst spüren, Sicherheit gewinnen

Alter: ab vier Jahren

Heute werden wir eine Reise in unseren Körper machen. Dazu legst du dich ganz entspannt hin, schließt die Augen ... Du liegst bequem auf dem Boden und hörst deinem Atem zu ... Stell dir nun vor, du darfst durch deinen Körper reisen ... Du spürst schon, wie dein Körper stark von der Erde nach unten angezogen wird ... Spüre nun deinen Kopf, wie er auf dem Boden liegt, die Decke oder das Kissen berührt ... Damit du ihn besser spüren kannst, darfst du auch etwas hin- und her-wackeln ... Nun fühlst du, wie deine Stirn ganz entspannt ist, dein Mund ganz locker ist ... Auch deine Schultern berühren den Boden. Laß sie richtig auf die Decke oder den Boden fallen, dann spürst du den Untergrund ... Sie sind ganz entspannt, und auch die Arme sind ganz schwer ... Du spürst

deinen linken Arm? ... Du spürst deinen rechten Arm? ... Um sie besser zu spüren, darfst du deine Arme und Hände auch etwas bewegen oder drehen ... Jetzt läßt du sie wieder ganz locker und entspannst jeden Muskel, von der Schulter abwärts über die Arme, Ellbogen und Hände bis in die Fingerspitzen ... Die Handflächen zeigen nach oben ... Nun kannst du deinen Rücken spüren, wie er ganz entspannt ist ... dann den Po, wie er am Boden aufliegt ... Du darfst ruhig ein wenig damit wackeln ... So, und jetzt versuche, auch die Rücken- und Pomuskeln ganz locker zu lassen ... spüre, welche Körperstellen dabei den Boden berühren ... Nun fühlst du, wie die Beine die Decke und den Boden berühren ... Du darfst sie auch einmal ganz leicht bewegen ... Fühle nun, wie schwer sie daliegen ... auch die Füße und Zehen sind ganz entspannt ... Du spürst noch eine Zeit lang, wie dein Körper ganz entspannt ist, jeder Muskel von der Stirn bis in die Finger- und Zehenspitzen ... Du fühlst dich wohl und spürst, wie du von der Erde angezogen wirst, wie du noch ganz schwer bist ... und nun spürst du deinen Atem, atmest tief durch ... Du bewegst langsam deine Beine, fühlst dich wohl in deinem Körper ... Jetzt bewegst du deine Finger und Arme, bleibst noch ein wenig liegen ... Du kommst langsam zurück ... spürst wieder deinen Atem ... räkelst deine Arme und Beine und öffnest die Augen ... und erinnerst dich, wie du dich gerade noch in deinem Körper gefühlt hast.

Auswertung: Wie fühlt sich dein Körper an? Spürst du deinen Körper auch dann noch so gut, wenn du wütend bist?

Hinweis: Je jünger die Kinder sind, desto kürzer sollte die Übung sein. Sie können sie auch in mehreren Etappen für einzelne Körperteile durchführen. Erzählen Sie, wozu diese gut sind, etwa: „Die Hand streichelt, aber sie schlägt niemand." Nach der Übung sollten die Kinder zehn Minuten ausruhen.

Auch Räume machen ruhig

Raumgestaltung gegen die Wut

Manche Pädagogen nennen die Kindergartenräume die „dritten Erzieher". Überlegen Sie doch einmal: Sie betreten eine Arztpraxis oder die Wohnung neuer Freunde, und vom ersten Moment an wissen Sie, ob Sie sich wohl fühlen. Wie Ihnen geht es auch Kindern vom ersten Tag an im Kindergarten oder in der Schule. Ob sie sich wohl fühlen, hängt ganz entscheidend von der Umgebung ab. Generell gilt: Je angenehmer und wärmer die Räume und Spielstätten wirken, desto größer ist das Wohlbefinden und damit die Ausgeglichenheit.

Muse für das Auge

Für das Wohlbefinden spielt die Farbgebung der Räume eine wesentliche Rolle. Grundsätzlich gilt: Verwenden sie nie kräftige Volltonfarben, sondern möglichst mit Weiß abgemischte Pastelltöne. Diese sanfteren Farben haben eine beruhigende Wirkung. Harmonisierend und stabilisierend wirken nach den Erkenntnissen der Farbpsychologie vor allem zarte rosa Töne, Gelb, Apfel- oder Blattgrün, klare und frische Blautöne sowie Erdfarben. Nicht zu empfehlen sind dagegen Rot sowie dunkle Farben.

Tageslicht läßt die Räume hell und freundlich wirken. Bunte Transparentpapiere an den Fenstern und Farbsammlungen auf den Fensterbänken, für die Gegenstände mit gleichen Farben gesammelt werden, setzen optische Akzente. Ein Spiegel vergrößert den Raum und vermittelt ein Gefühl der Weite.

Entspannung für das Ohr

Stille beruhigt, ein permanentes Hintergrundgeräusch, etwa vom Straßenverkehr, macht dagegen nervös. Achten Sie einmal bewußt auf die Geräusche in Ihrer Einrichtung. Kleine Tricks können den Eigenlärm der Kinder im Zaum halten. Gelegentlich dämpft eine leise Hintergrundmusik die Geräuschkulisse, und Klangstäbe im Eingangsbereich erzeugen einen wohltuenden, vertrauten Klang.

Wohlbehagen für die Nase

Wissen Sie noch, wie Ihr Kindergarten roch? Roch er nach Bastelmaterialien oder nach Bohnerwachs? Ist die Erinnerung an die Gerüche mit angenehmen oder unangenehmen Vorstellungen verbunden? Vor allem Naturmaterialien haben einen eigentümlichen Geruch. Wenn Kinder mit Holz, Ton oder Pflanzen spielen, wird der Geruchsinn sensibilisiert. Auch mit Blumen, Rosenblättern, Räucherkerzen oder Duftlampen kann die Natur in die Einrichtung geholt werden.

Geborgenheit für Hände und Füße

Kuschelecken mit Fellen, weichen Kissen und Decken vermitteln Wärme, Schutz und Geborgenheit. Helles Holz wirkt freundlich und einladend. Der Boden lädt zum Spielen ein, wenn sich die kleinen Füße auf weichen Woll- oder Fühlteppichen oder auf warmem Holz wohl fühlen.

Anregende Außenräume

Sich im Einklang mit der Natur fühlen

Kinder mit zu wenig Bewegungsfreiheit werden unruhig und aggressiv. Wir sollten sie dann jedoch nicht einfach nach draußen schicken, damit sie sich austoben können. Sie sollten vielmehr angeleitet und sinnvoll beschäftigt werden. Garten oder Außengelände von Kindergärten und Schulen haben dabei eine besondere Aufgabe. Sie sollten so gestaltet sein, daß Kinder hier Erfahrungen mit der Natur sammeln können. Alternativ bietet sich auch ein Ausflug in den Wald an.

Erde

Verschiedene Bodenarten und -formen laden geradezu zum Spielen und Austoben ein. Dabei ist Sand zum Graben ebenso wichtig wie ein harter Boden für die Rollschuhläufer. Steine, Heu, Strohballen und andere Materialien bieten Kindern vielseitige Spiel- und Baumöglichkeiten. Im Boden machen Kinder viele spannende Entdeckungen – von Regenwürmern über Schneckenhäuser bis hin zu seltsamen Wurzelgebilden.

Feuer

Ein Lagerfeuer ist der ideale Platz, um Entspannungsgeschichten zu erzählen. Die Wärme und der Schein des Feuers sorgen für eine besinnliche Stimmung. Den Umgang mit Feuer und Wärme können Kinder an einer mit Steinen gut gesicherten Feuerstelle oder an einem Holzofen lernen, in denen Kartoffeln gebraten und Brot gebacken werden. Beobachten Sie mit den Kindern die lustig flackernden Flammen. Sie werden merken, wie die Kinder ruhiger werden.

Wasser

Mit Wassergräben, Schläuchen, Kannen und Pumpen können sich Kinder stundenlang beschäftigen. Sie spüren die ruhige Kraft dieses Elements und sind fasziniert, wie Wasser die Umwelt verändert: Aus Erde wird Matsch, die Steine glänzen und Blumen wachsen. Im Aquarium wird Wasser als Lebenselement für Tiere erlebt. Ebenso wie ein leise plätschernder Zimmerbrunnen hat ein Aquarium beruhigende Wirkung.

Luft

Kinder erleben die angenehme Kühle einer Sommerbrise oder die Kraft der Herbststürme, wenn sie zu allen Jahreszeiten draußen sein dürfen. Den Wind können die Kinder sehen, wenn man im Garten oder auf dem Fensterbrett ein Windrad aufstellt.

Licht

Licht- und Schattenspiele lösen unterschiedliche Stimmungen und Empfindungen aus. In Kindergärten und Schulhöfen sollte man daher Bäume, Sträucher und Hecken in die Gestaltung der Höfe und Gärten einbeziehen. Sie bieten zudem reizvolle Spielmöglichkeiten.

Der Autor

Thomas Kaiser lebt und arbeitet im Raum Würzburg. Der Vater eines Sohnes ist Lehrer, Diplompädagoge und Dozent am Institut für Pädagogik der Universität Würzburg. Das Thema Wut und Aggression bildet einen Schwerpunkt seiner Forschungs- und Lehrtätigkeit. Unterstützt haben ihn bei diesem Buch die Sozialpädagogin Martina Bauer sowie der Sach- und Kinderbuchautor Markus Schmid.

© 1999 Christophorus-Verlag GmbH, Freiburg im Breisgau
Alle Rechte vorbehalten
Printed in Belgium

ISBN 3-419-52896-5

Gesamtherstellung:
Hampp Verlag, Stuttgart
Fotos: S. 4, 6, 16, 42, 47, 50, 60, 63, 72, 76, 80 Heidi Velten; S. 10, 12, 30, 36, 43, 52 Jutta Weser; S. 24 Christoph Schmotz; S. 61 Hartmut W. Schmidt
Illustrationen: Michael Luz
Umschlaggestaltung: Network!, München
Satz: pws Print und Werbeservice, Stuttgart
Repro: BTB Baun, Fellbach
Druck: Proost, Turnhout

Hier zeigen wir Ihnen eine Auswahl unserer beliebten und erfolgreichen Bücher – und wir haben noch viele andere im Programm. Wir informieren Sie gerne, fordern Sie einfach unsere Themenprospekte an:

Bücher für Eltern und Kinder

Basteln, Spielen und Lernen mit Kindern

Bücher für Ihre Hobbys

Wir sind für Sie da, wenn Sie Fragen haben. Und wir interessieren uns für Ihre eigenen Ideen und Anregungen. Faxen Sie, schreiben Sie oder rufen Sie uns an. Wir hören gerne von Ihnen!

Ihr Christophorus-Verlag

CHRISTOPHORUS
Bücher mit Ideen

Hermann-Herder-Straße 4
79104 Freiburg im Breisgau
Telefon: 07 61 / 27 17 – 26 8 oder
Fax: 07 61 / 27 17 – 35 2